BLV

Bayerischer Landwirtschaftsverlag

DOROTHEA BAUMJOHANN

Vom Hochbeet bis zum Insekten-hotel

Garten-Projekte mit Kindern

Bauen, pflanzen & ernten

Inhalt

Frühling

10 Aussäen und Pikieren
14 Ein Kinderbeet anlegen
18 Ein Kinder-Hochbeet bauen
22 Einen Nistkasten bauen
24 Vom Sandkasten zum Kräuterbeet
26 Gärtnern in Kisten und Töpfen
30 Einen Kartoffelkübel anpflanzen
32 Einen Erdbeertopf bepflanzen
34 Ein Bohnentipi bauen
36 Einen Apfel in der Flasche ziehen

Sommer

40 Samenbomben bauen
42 Holunderblütensirup kochen
44 Einen Miniteich anlegen
48 Kräuter ernten und genießen
52 Blumenkränze flechten
54 Ohrwurmglocken basteln
56 Lavendelstäbe flechten
58 Duftgeranien vermehren
60 Ein Insektenhotel bauen

Herbst

70 Samen ernten

72 Naturperlenketten basteln

74 Einen Miniaturgarten anlegen

78 Mit Lampionblumen basteln

80 Ananas und Avocados vermehren

84 Ein Marienkäfer-Haus bauen

88 Basteln mit Blättern

92 Ein Igelhaus bauen

Winter

98 Bratäpfel zubereiten

100 Duft-Orangen basteln

104 Dinkel-Duftkissen nähen

106 Eislichter und Eisbilder basteln

112 Blüten färben

114 Vogelfutter-Anhänger basteln

116 Kresseköpfe ansäen

118 Ein Vogelfutterhaus bauen

Anhang

124 Adressen, die Ihnen weiterhelfen

125 Stichwortverzeichnis

127 Über die Autorin / Impressum

Einführung

Gemeinsam macht es am meisten Spaß. Die beiden Junggärtner pflanzen Kohlrabi.

Auch oder gerade im heutigen Medienzeitalter, in dem Kinder viel Zeit vor dem Fernseher oder dem Computer verbringen, ist es vielen Eltern und Erziehern wichtig, Kindern die Zusammenhänge in der realen Natur näherzubringen. Sie möchten in ihren Schützlingen den Grundstein für ein bewusstes Umgehen mit ihrer Umwelt legen, damit sie auch später, als erwachsene Menschen, der Natur mit Achtung gegenüberstehen. Doch wie fängt man das an? Wie kann man die guten Absichten verwirklichen?
Im »kleinen Prinzen«, der bekannten Geschichte von Antoine de Saint-Exupéry, kann man lesen, wie der Fuchs dem kleinen Prinzen den Beginn einer tiefen Freundschaft erklärt: »Aber wenn du mich zähmst, werden wir einander brauchen.« »Zähmen« heißt, sich langsam annähern, sich mit etwas vertraut machen und sich damit zum Freund machen. Genauso entsteht die Liebe zur Natur. Geben Sie Kindern die Möglichkeit, die Natur kennenzulernen und sich mit ihr vertraut zu machen, dann wird eine enge Beziehung entstehen. Kinder sind sehr wissbegierig. Sie lernen mit allen Sinnen. Dabei sind es vor allem die eigenen, praktischen Erfahrungen, die Kinder für später prägen.

Mit diesem Buch möchte ich Ihnen einige Anregungen geben, was Sie mit Kindern in Garten und Natur praktisch machen können. Ich habe dabei alle Jahreszeiten berücksichtigt und auch an das Umfeld der Kinder gedacht. Es gibt Aktionen für Familien mit eigenem Garten, aber auch für kleine Balkon- und Terrassengärtner und -gärtnerinnen ist etwas dabei. Bei einigen Anregungen stehen die Pflanzen selbst im Vordergrund, bei anderen Anleitungen ist eher ein Augenmerk auf den Bastelspaß gelegt.

Wichtig war mir auch, dass Sie und Ihre Kinder mit diesen praktischen »Übungen« größere Zusammenhänge nachvollziehen können. So können Sie Pflanzen zuerst anziehen (Seite 10 ff.), dann in ein Beet oder Hochbeet setzen (Seite 14 ff.) und später dann ernten und zubereiten. Oder Sie vermehren Kräuter durch Stecklinge (Seite 58 f.), setzen diese in ein Kräuterbeet (Seite 24 f.) und ernten und verwerten sie dann im Hochsommer (Seite 48 ff.).

Wichtig bei der Arbeit mit Kindern sind schnelle Erfolgserlebnisse. Setzen Sie darum beim Pflanzenanziehen oder Auspflanzen auf schnellwachsende und robuste Arten. Einen Hinweis dazu erhalten Sie in den jeweiligen Kapiteln. Da Kinder ihre Umwelt mit allen Sinnen erfassen, sind duftende Pflanzen bei ihnen ebenfalls sehr beliebt. Angenehme Dufterlebnisse in der Kindheit und Jugend bleiben ein Leben lang in Erinnerung. Die Anregungen mit Kräutern und den Duftgeranien werden darum sicherlich gut ankommen.

Wenn Sie jetzt hochmotiviert mit Ihren Kindern in den Garten gehen und einige der vorgestellten Aktionen nachmachen, habe ich mein Ziel erreicht. Setzen Sie die Erwartungen an Ihre Kinder aber bitte nicht zu hoch an. Nicht jedes Kind ist ein geborener Gärtner oder eine Gärtnerin, aber seien Sie gewiss, es wird etwas hängen bleiben. Unsere eigenen Kinder, die sowohl mit einer naturinteressierten Mutter als auch mit einem solchen Vater aufgewachsen sind, verbrachten ihre freie Zeit nur selten freiwillig mit Gartenarbeit. Ehrlich gesagt können sie kaum eine Rose von einer Tulpe unterscheiden. Trotzdem waren sie zum Spielen immer gerne draußen an der frischen Luft. Heute, im Studentenalter, bauen sie mit Stolz Ihre eigenen Kräuter auf dem Balkon an und freuen sich über ihre gärtnerischen Grundkenntnisse.

Auch bei meinen kleinen Garten-Fotomodels, die mir bei der Entstehung der Bilder für dieses Buch sehr geholfen haben, habe ich große Unterschiede festgestellt: Einige waren sehr eifrig bei der Sache, wenn sie mit den Händen in der Erde wühlen konnten, andere haben lieber gebastelt und gemalt, wieder andere waren begeisterte Zuhörer und Beobachter am Insektenhotel. Ein paar Kinder waren so interessiert an der Sache, dass zu Hause gleich ein Miniteich angelegt wurde oder dass sie die angezogenen Pflanzen mitgenommen und sie daheim weitergepflegt haben. Bedanken möchte ich mich bei allen Kindern, die allesamt mit Eifer dabei waren: bei Cedric, Christopher, Emma, Hannah, Hugo, Jonas, Kira, Karolina, Lara, Lando, Lilith, Linus, Lorenz, Lotta, Lucie, Mareike, Nele, Philip, Rosa und Thomas.

Im Sommer ist die Auswahl an Blumen im Garten groß. Auch Kinder haben ihre Freude daran.

Ich wünsche Ihnen beim Gärtnern und Basteln mit Ihren Kindern viel Freude und Erfolg. Sie legen mit diesen Aktionen sicherlich die richtige Saat. Wie diese aufgeht und gedeiht, ist manchmal etwas überraschend und liegt nicht nur in Ihrer Hand.

Ihre Dorothea Baumjohann

Dorothea Baumjohann

Frühling

Auf geht's! Der Frühling ist da! Jetzt können sich große und kleine Gärtner und Gärtnerinnen richtig ausleben. Sobald die ersten Sonnenstrahlen den Boden etwas erwärmt haben, wird gesät und gepflanzt. Vorher können Sie im Haus schon ein paar Jungpflanzen heranziehen. Wie wäre es außerdem mit dem Bau eines Nistkastens für die heimische Vogelwelt?

Aussäen und Pikieren

Aussaatgefäße kann man aus Zeitungspapier auch selbst herstellen: Mit einer Papiertopfpresse (Bezugsquelle: siehe Seite 124) ist das ganz einfach.

Wenn die Tage im März wieder länger werden, juckt es in den Fingern. Man sehnt sich nach frischem Grün und möchte am liebsten schon den Garten bestellen. Natürlich ist es dafür noch zu früh, aber die ersten Jungpflanzen können wir schon anziehen. Bei dieser Arbeit machen Kinder gerne mit. Ist es doch ein besonderes Erlebnis zu beobachten, wie ein unscheinbares Samenkorn keimt, sich langsam aus der Erde bohrt und dann seine Keimblätter entfaltet. Für die Jungpflanzenanzucht braucht man viel Platz auf der Fensterbank. Die Saatschalen lassen sich meistens noch gut unterbringen. Eng wird es, wenn die Pflanzen pikiert werden müssen. Dabei bekommt jedes Pflänzchen seinen eigenen kleinen Topf. Die Jungpflanzen müssen jetzt unbedingt hell stehen, da sie sonst sehr schnell lang und dünn werden.

AUF EINEN BLICK

Guter Zeitpunkt: Mitte bis Ende März

Zeitbedarf: Aussaat ca. 15 bis 30 Minuten, pikieren 60 bis 90 Minuten

Schwierigkeitsgrad: mittel

Material und Werkzeug: zum Aussäen: Aussaaterde, Samentüten, Aussaatschale mit Abdeckhaube, Erdsieb, Andrückholz, Ballbrause oder Sprühflasche; zum Pikieren: Blumenerde, kleine Töpfe oder Multitopfplatten, Pikierstab, Gießkanne mit feiner Brause

So wird's gemacht:

1 Kleine Schalen mit einer transparenten Abdeckhaube eignen sich besonders gut für die Aussaat von feinem Saatgut. Man bekommt sie im Handel oft unter der Bezeichnung »Zimmergewächshaus«. Füllen Sie die Aussaatschale mit Aussaat- und Vermehrungserde und streichen Sie diese mit der Hand oder einem Holzstab glatt. Ersatzweise kann man auch normale Blumenerde nehmen und mit Sand strecken. Aussaaterde ist besonders nährstoffarm. Dadurch wird die Wurzelbildung der Sämlinge gefördert.

2 Mit einem Andrückbrett wird die Erde etwas verdichtet, so dass ein Rand von etwa 0,5 cm entsteht. Andrückbrettchen gibt es in rund oder eckig, entsprechend den üblichen Topfmaßen und -formen. Man kann sie aber auch leicht selbst basteln.

3 Jetzt wird der Samen von Gemüse, Kräutern oder Sommerblumen gleichmäßig auf der Erdoberfläche verteilt. Ganz feine und dunkle Samen können Sie mit etwas trockenem Sand mischen. So können die Kinder die Verteilung der Samen besser sehen. Gut geeignet für die eigene Anzucht sind z. B. Salat, Kohlrabi, Ringelblumen, Tagetes, Malven, Kosmeen und Zinnien. Aber auch Tomaten- und Paprikapflanzen können selbst angezogen werden. Mit dem Brettchen werden die ausgestreuten Samen nun vorsichtig angedrückt.

4 Die meisten Pflanzen sind Dunkelkeimer. Darum wird das Saatgut mit einer Schicht Erde oder Sand in »Samenkornstärke« abgedeckt. Damit die Erde gleichmäßig und fein auf den Samenkörnern liegt, benutzt man dafür ein Gartensieb. Alternativ können Sie auch ein grobes Sieb aus der Küche zweckentfremden.

5 Für die Keimung brauchen die Samen Wasser. Die Aussaatschale wird jetzt gut angegossen. Damit die Samen nicht abgeschwemmt werden, muss man dabei sehr behutsam vorgehen. Geben Sie den Kindern zum Wässern eine Ballbrause (Bezugsquelle: siehe Seite 124) oder einen Pflanzensprüher. Eine Gießkanne mit sehr feinem Brausekopf eignet sich ebenfalls. War die Erde sehr trocken, wässert man nach einigen Minuten, wenn die erste Wasserportion versickert ist, ein zweites Mal.

6 Um die Keimung der ausgesäten Samen zu fördern, sorgt man für eine möglichst hohe Luftfeuchtigkeit. Diese bekommt man durch Abdeckung der Saatgefäße. Stehen die Saatschalen auf der Fensterbank, ist eine Abdeckung der Aussaaten wegen der trockenen Heizungsluft sehr wichtig. Spezielle Anzuchtschalen sind meistens mit einer transparenten Haube ausgestattet. Sie können aber auch einen durchsichtigen Plastikbeutel über die Schale ziehen oder eine Glasscheibe benutzen. Dann darf man die Schale allerdings nur zu ²⁄₃ mit Aussaaterde füllen. Zum Lüften wird die Abdeckung täglich für einige Minuten geöffnet. Dabei können die Kinder nachschauen, ob die Saat schon aufgeht.

7 Nach ein paar Tagen ist es so weit: Zuerst hebt sich die Erde an einigen Stellen, ein bis zwei Tage später spitzen die ersten Keimlinge aus dem Boden und recken sich nach dem Licht. Die Saatschalen müssen jetzt unbedingt hell stehen. Sämlinge bilden anfangs Keimblätter, die einfach gebaut sind und anders aussehen als die typischen Blätter der Pflanze. Bald danach entfalten sich die ersten richtigen Blätter. Die Sämlinge stehen nach kurzer Zeit dicht an dicht, nehmen sich gegenseitig das Licht weg und brauchen dringend ein »Einzelzimmer«. Das ist der richtige Zeitpunkt zum Pikieren (= Vereinzeln).

8 Füllen Sie kleine Töpfe von 7 bis 9 cm Durchmesser oder Multitopfplatten mit Blumenerde und drücken Sie diese vorsichtig an. Töpfe und Multiplatten gibt es auch aus gepresstem Torf (Bezugsquelle: siehe Seite 124). Diese haben – wie die selbst gemachten Zeitungstöpfe – den Vorteil, dass man die Pflanzen später mit Topf ins Beet oder in Kübel und Kästen setzen kann. Den Pflanzen bleibt damit ein weiterer »Pflanzschock«, den sie durch unvermeidbare Wurzelverletzungen beim Umpflanzen erleiden, erspart. Drücken Sie mit dem Pikierstab ein tiefes Loch in die Erde. Mit der dünnen Seite des Pikierstabes fasst man unter die Sämlinge, lockert die Erde ein wenig und zieht dann vorsichtig Pflänzchen für Pflänzchen aus der Saatkiste. Dabei brauchen die Kinder, je nach Geduld und Geschick, ein wenig Hilfe, denn die Wurzeln der kleinen Pflanzen reißen leicht ab.

9 Vorsichtig werden die Sämlinge im letzten Schritt bis zu den Keimblättern in das Pflanzloch des neuen Topfes gesetzt. Drücken Sie die Erde rundherum leicht an. Zum Schluss überbrausen Sie die Pflanzen mit Wasser und stellen die Töpfe an einem hellen und warmen Platz auf.

TIPP: Große Samen, wie die von Feuerbohnen oder Sonnenblumen, können direkt in einen kleinen Topf gesät werden. Sie sparen sich so das Pikieren. Füllen Sie die Töpfe zur Hälfte mit aufgedüngter Blumenerde und geben Sie darauf eine Schicht Aussaaterde. So können die Samen anfangs in dem nährstoffarmen Substrat Wurzeln bilden. Diese wachsen dann tiefer in die Blumenerde und können gleich Nährstoffe mit aufnehmen.

Ein Kinderbeet anlegen

Das Kinderbeet sollte einen sonnigen Platz im Garten bekommen. Klar abgegrenzt vom übrigen Garten hat das Kind seinen eigenen Verantwortungsbereich.

Den Traum von der eigenen Scholle gibt es nicht nur bei Erwachsenen. Auch Kinder sind hochmotiviert, wenn man ihnen ein Stückchen Land zuteilt, das sie eigenverantwortlich bepflanzen dürfen. Ein bis zwei Quadratmeter, die deutlich gekennzeichnet werden, reichen schon aus. Kinder übernehmen gerne Verantwortung für diesen überschaubaren Bereich. Wählen Sie die Pflanzen mit ihren Kindern nach deren Vorlieben aus. Sie können Jungpflanzen selber anziehen (siehe Seite 10 ff.) oder im Gartencenter bzw. auf dem Wochenmarkt kaufen. Besonders geeignet sind schnellwachsende Arten wie Salat und Radieschen, Obst und Gemüse, das man direkt vom Beet naschen kann, wie Erdbeeren, Erbsen und Möhren, aber auch Pflanzen, die eine beeindruckende Größe erreichen, wie Zuckermais oder Sonnenblumen. Auch duftende Blumen, wie Duftwicken und schmackhafte, wohlriechende Kräuter, wie Lavendel oder Schnittlauch, kommen gut an.

AUF EINEN BLICK

Guter Zeitpunkt: im Frühjahr, etwa ab April

Zeitbedarf: 1 bis 2 Stunden

Schwierigkeitsgrad: mittel

Material und Werkzeug: Jungpflanzen, Saatgut, Spaten, Harke, Pflanzschaufel, Gießkanne

So wird's gemacht:

1 Unser Kinderbeet haben wir mit einem Holzrahmen aus 14 cm breiten Lärchenholzbrettern eingefasst. Die Grundfläche des Beetes beträgt 1,00 × 1,50 m. Bevor gesät und gepflanzt wird, muss der Boden gut vorbereitet werden. Mit einer Grabgabel oder einem Spaten wird er umgegraben und gelockert. So kommt Luft in den Boden, die die Pflanzenwurzeln benötigen. Kleine Kinder können mit den Gartengeräten der Erwachsenen nur schwer arbeiten. Die Geräte sind zu schwer und der Stiel meistens zu lang. Helfen Sie bei der schweren Arbeit oder besorgen Sie spezielles Kinderwerkzeug (Bezugsquelle Seite 124).

2 Da das Beet durch die Einfassung etwas erhöht ist, muss die Erde aufgefüllt werden. Haben Sie an einer anderen Stelle im Garten Erde übrig, füllen Sie das Kinderbeet einfach mit Gartenerde auf. Statt der Gartenerde können Sie im Gartencenter oder im Baumarkt auch einen Sack Pflanzerde kaufen und im Beet verteilen. Die Pflanzerde vermischen Sie mit Hilfe einer Grabgabel mit dem Gartenboden. Dabei kann auch ein Eimer voll Kompost untergemischt werden, der als Grunddüngung für das Kinderbeet ausreichend ist. Zum Schluss aller Vorbereitungen wird das Beet schön glatt geharkt. Jetzt ist es perfekt für Aussaaten und für vorgezogene Jungpflanzen.

3 Erbsen sind ein ideales Naschgemüse, das Kindern besonders gut schmeckt. Zuckererbsen können Sie anfangs mitsamt der Hülse essen, wenn sie etwas reifer sind nascht man nur die grünen Körner. Für die Aussaat ziehen Sie eine 3 bis 5 cm tiefe Rille, in die die Erbsen im Abstand von 2 bis 3 cm hineingelegt werden. Diese Aufgabe erledigen die Nachwuchsgärtner mit Geduld und Hingabe. Das Anordnen der gut sichtbaren Samen in gleichmäßigen Abständen hat für Kinder etwas Meditatives, auf das sie sich vollkommen konzentrieren können. Die Samen werden mit Erde bedeckt. Sind die Pflänzchen etwa 10 cm hoch, benötigen sie eine Rankhilfe. Das können z. B. ca. 1 m lange, verzweigte Stöcke sein, die Sie einfach in die Erde stecken.

4 Salat- und Kohlrabijungpflanzen können Sie leicht selber anziehen. Frühe Sorten sind kältetolerant und können schon ab Mitte April ins Beet gepflanzt werden. Sie bekommen die Jungpflanzen zu dieser Zeit aber auch schon im Gartencenter oder auf dem Markt. Sowohl Kohlrabi als auch Salat sind schnellwüchsige Gemüsearten und somit Kinderbeet-geeignet. Salatjungpflanzen werden nur flach in den Boden eingesetzt. Salat soll »im Wind flattern« können, damit er keine Salatfäule bekommt. Kohlrabi wird etwas tiefer, bis zu den Keimblättern, eingesetzt

5 Zwei Tomatenpflanzen sind ebenfalls ins Beet eingezogen. Sie sind wärmebedürftig und dürfen erst ab Mitte Mai ins Beet gepflanzt werden, wenn keine Nachtfröste mehr zu erwarten sind. Für das Kinderbeet eignen sich Wildtomaten oder Cocktailtomaten, die nicht unbedingt ausgegeizt werden müssen. Diese kleinfrüchtigen Tomaten können Sie mehrtriebig wachsen lassen. Tomaten werden sehr tief eingepflanzt. Sie können den Haupttrieb noch 4 bis 5 cm tiefer setzen als er vorher im Topf gestanden hat. Die Pflanzen bilden am Stamm weitere Wurzeln aus und sind damit standfester. Trotzdem benötigen Tomatenpflanzen zur Unterstützung einen Pflanzstab. Speziell für Tomaten gibt es spiralförmige Stäbe aus Metall, um die sie die Pflanzen im Laufe des Wachstums herumschlingen.

6 Auf der restlichen Fläche des Kinderbeetes werden ein paar Kartoffeln, Erdbeeren und eine Sonnenblume gepflanzt und Möhren ausgesät. Möhrensaatgut ist sehr fein und sollte nur ganz dünn in der Saatrille ausgestreut werden. Geht die Saat zu dicht auf, muss man die Pflanzen ausdünnen. D. h. Sie ziehen, bei einer Größe von ca. 2 bis 3 cm, einen Teil der Möhrenpflänzchen aus, damit sich die übrigen gut entwickeln können.

TIPP: Nehmen Sie für die Möhrenaussaat Saatbänder. Diese bestehen aus Papiervliesstreifen in die Samen in dem richtigen Abstand eingearbeitet sind. Saatbänder werden einfach in die Saatrillen gelegt, gut angegossen und wieder mit Erde bedeckt.

7 Nach dem Pflanzen und Säen muss alles gut angegossen werden. Kindergießkannen sollten höchsten 5 l fassen, damit sie von den kleinen Gärtnern und Gärtnerinnen problemlos getragen werden können. Bei warmem und trockenem Wetter muss anfangs, bis die Saaten aufgelaufen und die Jungpflanzen gut angewachsen sind, täglich gegossen werden.
An heißen Sommertagen gießen Sie nach Bedarf, möglichst morgens, damit die Blätter bei starker Sonnenbestrahlung nicht verbrennen.

8 Nach etwa 7 bis 8 Wochen ist es soweit: die erste Ernte kann eingefahren werden. Auch Gemüse-Verweigerer werden es sich nicht entgehen lassen, den selbst gepflanzten und mit viel Liebe gepflegten Salat zu kosten. Vielleicht schmeckt er ja doch. Kohlrabis kommen in der Regel bei Kindern gut an. Sie können, geschält und in Streifen geschnitten, roh geknabbert werden. Hier sehen Sie einen Kohlrabi der Sorte »Superschmelz«, die zu beeindruckend großen Exemplaren heranwächst und trotzdem zart bleibt.

9 Die Erbsen sind die Krönung im Kinderbeet. Sie reifen nach und nach und können daher über einen Zeitraum von mindestens 2 Wochen geerntet werden. Da die meisten Kinder Erbsen nur aus dem Tiefkühlfach kennen, ist ein es besonderes Erlebnis, die prall gefüllten Hülsen frisch zu pflücken, aufzudrücken und die grünen Kugeln einzeln zu naschen. Erbsen – das steht fest – stehen im nächsten Jahr wieder im Kinderbeet.

Ein Kinder-Hochbeet bauen

Einige Wochen nach der Bepflanzung ist das Hochbeet üppig bewachsen. Es gibt noch Radieschen und von dem rotstieligen Mangold werden die äußeren Blätter geerntet, damit er nicht alles überwuchert.

Auf bequemer Arbeitshöhe im Garten buddeln, sich dabei auch einmal in Ruhe setzen und Insekten, Regenwürmer oder einfach nur die Pflanzen betrachten – dass mögen auch Kinder. Möglich ist das mit einem Hochbeet. Wie in dem eigenen Gartenbeet, haben die Kinder auch hier die Möglichkeit, auf einer klar abgegrenzten Fläche eigenverantwortlich Pflanzen anzuziehen. Neben der komfortablen Arbeitshöhe bietet ein Hochbeet noch weitere Vorteile: Die Erde erwärmt sich schneller als der Gartenboden, darum kann man es etwas früher im Jahr bepflanzen.

Das Hochbeet ist aus vorgefertigten Böden eines Kellerregals zusammengebaut. Da die Regalböden breite Lücken haben, werden diese mit zusätzlichen Brettern verschlossen. Die Beetgröße ergibt sich aus der Größe der Regalbretter. Unser Hochbeet hat eine Grundfläche von 80 × 80 cm und ist 50 cm hoch.

AUF EINEN BLICK

Guter Zeitpunkt: zusammenbauen und befüllen: Frühjahr oder Herbst; bepflanzen: ab Ende März

Zeitbedarf: zusammenbauen und befüllen: 1 Wochenende; bepflanzen: 1 bis 2 Stunden

Schwierigkeitsgrad: mittel

Material und Werkzeug: pro Beet 4 Regalbretter, evtl. zusätzliche Bretter um Lücken zu schließen, stabile Folie, Farbe, 8 Metallwinkel, Holzschrauben, Pinsel, Akkuschrauber, Handtacker, Schubkarre, Schaufel, Pflanzschaufel, Gießkanne

Füll- und Pflanzmaterial: Zweige, Gartenerde, Kompost oder Pflanzerde, Pflanzen und Saatgut

So wird's gemacht:

1 Die Regalböden aus unbehandeltem Massivholz und die zusätzlichen Bretter zum Verschließen der Lücken werden vor dem Zusammenbauen mit einer umweltfreundlichen Holzfarbe gestrichen. Die giftigen Dämpfe einer lösungsmittelhaltigen Farbe sind nicht pflanzenverträglich. Wer es ganz richtig und haltbar machen möchte, streicht zweimal: zuerst mit einer speziellen Farbe für den Voranstrich. Wenn diese Farbe trocken ist, kommt der zweite Anstrich in dem gewünschten Farbton.

2 Der obere Rand des Hochbeetes wird aus den Seitenteilen des Kellerregals zugesägt. Die Länge richtet sich nach der Länge der Regalböden. Die Ecken werden mit Hilfe einer Gehrungslade im 45° Winkel abgesägt. Wenn Sie keine Gehrungssäge haben, können Sie die Bretter auch gerade, im 90° Winkel absägen. Die zugeschnittenen Bretter für den Rand werden ebenfalls gestrichen. Alle lackierten Bretter müssen einige Stunden, am besten über Nacht, trocknen.

3 Am nächsten Tag kann das Hochbeet zusammengebaut werden. Zuerst werden mit den zusätzlichen Brettern die Lücken der Regalböden verschlossen. Setzen Sie dazu an jeder Seite eines eingesetzten Brettes 2 kurze Holzschrauben ein. Die Löcher für die Holzschrauben bohren Sie mit einem dünnen Bohrer (3 mm) vor. Etwas größere Kinder können beim Einsetzen der Schrauben schon mit dem Akkuschrauber helfen. Eventuell können Sie die Schrauben halb eindrehen und Ihr Kind die Arbeit dann zu Ende führen lassen.

4 Als Nächstes werden die Regalbretter zu einem Kasten zusammengeschraubt. Das geht am besten auf ebenem Untergrund. Richten Sie die Seitenteile rechtwinklig zueinander aus. Als Hilfsmittel kann dabei z. B. ein kleiner rechtwinkliger Tisch, eine Kiste oder Ähnliches dienen, an den (die) man die Seitenteile anlehnen kann. Schrauben Sie die Seitenwände mit 3 bis 4 Holzschrauben an jeder Ecke aneinander.

5 Auf den fertigen Kasten werden nun die Randbretter aufgeschraubt. Legen Sie zuerst alle 4 Bretter oben auf den Rand und richten Sie diese so aus, dass sie an allen Seiten etwa gleich viel überstehen. An jede Ecke wird eine Schraube gesetzt, für die die Löcher erst einmal vorgebohrt werden. Unter jedes Randbrett werden von innen jeweils 2 Metallwinkel gesetzt, die dem Rand so viel Stabilität verleihen, dass die Kinder darauf sitzen können.

6 Damit das Holz von innen vor Feuchtigkeit geschützt wird, werden die Seitenwände mit Folie ausgekleidet. Am oberen Rand lässt sich die Folie problemlos mit einem Tacker befestigen. Keinesfalls darf der Boden mit Folie bedeckt werden. Das würde schnell zu Staunässe in dem Beet führen, die Wurzelkrankheiten verursachen kann. Außerdem hätten Regenwürmer und andere Bodenlebewesen, die den Boden lockern und für Nährstoffnachschub sorgen, keinen Zutritt.

7 Spätestens jetzt wird das Hochbeet an einem sonnigen Platz im Garten aufgestellt und kann dann gefüllt werden. Wie in einem großen Hochbeet besteht auch bei dem Kinderbeet die Füllung aus mehreren Schichten. Beginnen Sie unten mit groben Holzstücken. Das können z. B. Reste vom winterlichen Strauchschnitt sein. Sie können das Beet bis zu einem Drittel damit füllen. Zwischen das grobe Holz und oben drauf kommt als Nächstes grober, noch nicht vollständig verrotteter Kompost. Auch Laub oder Rasensoden können in dieser Schicht untergemischt werden. Füllen Sie das Beet damit, bis es etwa halb voll ist.

8 Die restlichen 20 bis 25 cm des Hochbeetes füllen Sie am besten mit einem Gemisch aus Gartenerde und einem Sack torffreier Gemüse- oder Kübelpflanzenerde. Haben Sie keine Gartenerde zur Verfügung können Sie auch nur die zugekaufte Erde nehmen.

Im Prinzip ist das Beet jetzt pflanzfertig. Trotzdem wäre es gut, wenn Sie ein paar Tage Geduld haben und warten, bis sich die locker eingeschaufelte Erde ein wenig gesetzt hat. Dann schaufeln Sie etwas Erde nach und harken die Oberfläche glatt.

9 In der Zwischenzeit können Sie schon Pflanzen und Samen einkaufen. Lassen Sie den kleinen Gärtnern und Gärtnerinnen bei der Auswahl möglichst viel Freiheit. Eigenverantwortung ist hochmotivierend. Raschwachsende Gemüse- und Blumenarten sorgen für einen schnellen Erfolg. In unserem Hochbeet haben wir zuerst Radieschen und Möhren ausgesät, die in der lockeren Erde besonders gut gedeihen.

Auf dem Markt haben wir zudem einige Gemüsejungpflanzen eingekauft, die jetzt gepflanzt werden. Jetzt heißt es abwarten und schauen, wie sich die Pflanzen entwickeln.

Einen Nistkasten bauen

Der Bau eines Nistkastens ist eine perfekte Möglichkeit, Kinder für Natur und Umweltschutz zu begeistern. Das Projekt ist nämlich nicht mit der letzten Schraube abgeschlossen. Kinder sind neugierig. Deshalb tauchen schnell Fragen auf: »Warum baut man Nistkästen?«, »Für welche Vogelarten sind sie?«, »Was fressen sie, warum sind sie wichtig für die Umwelt?«. Wie von selbst erschließen sich beim Bauen und Beobachten immer neue Themen.

Ein Nistkasten ist eine Spezialanfertigung. Die jeweilige Bauweise ist immer nur für einige Vogelarten geeignet. Einen guten Einstieg in die Vogelbeobachtung finden Sie mit einem Höhlenbrüterkasten oder einer Halbhöhle. Beide Kästen werden von mehreren Vogelarten genutzt, sodass die Wahrscheinlichkeit, dass der Kasten angenommen wird, recht hoch ist. Vögel brauchen allerdings nicht nur einen artgerechten Nistplatz, sondern auch ein gewisses Nahrungsangebot, um ihre Brut aufziehen zu können. Nur wenn genügend Insekten, Larven, Früchte und Samen vorhanden sind, kann sich ein Vogel auf Ihr Wohnungsangebot einlassen. Sollte sich trotz perfekter Bauweise kein Mieter finden, lohnt es sich, über eine naturgemäße Gartengestaltung nachzudenken. Dabei brauchen Sie nicht Ihren kompletten Garten umzukrempeln. Pflanzen Sie z. B. einige einheimische Sträucher oder säen Sie ein paar Wildblumen aus. Tipps dazu bekommen Sie bei Naturschutzverbänden wie dem NABU und dem BUND. Sie sind auch die richtigen Ansprechpartner für Nistkästen. Hier finden Sie fertige Nistkästen, Baupläne für den kompletten Selbstbau oder Bausätze mit fertig zugeschnittenen Teilen, die nur noch zusammengebaut werden müssen. Wir haben uns für einen Höhlenbrüterkasten als Bausatz entschieden

So wird's gemacht:

1 Der Nistkasten-Bausatz besteht aus einer Rückwand, einem Boden zwei Seitenteilen, einem Dach und der Front. Mit Hilfe der Bauanleitung können größere Kinder im Team den Nistkasten schon ohne Hilfe von Erwachsenen anfertigen.

2 Nach Anleitung werden die Seitenteile, der Boden und die Rückwand zusammengeschraubt oder -genagelt.

3 Die Schrauben für die Frontklappe werden nicht ganz fest gezogen. So kann man später die Klappe zum Reinigen des Innenraumes leicht öffnen.
TIPP: Sägt man die Front in der Mitte quer durch und setzt die Klappe (den Teil ohne Loch) unten ein, hat man eine Halbhöhle, in der z. B. Hausrotschwanz und Bachstelze brüten.

4 Das Dach wird mit einem leichten Überstand montiert. Das Einflugloch ist so vor Regen geschützt.

5 Geschafft! Der Nistkasten ist fertig. Von der Größe des Einfluglochs hängt es ab, welche Höhlenbrüter die Nisthöhle einmal beziehen werden. Hat das Loch einen Durchmesser von 3,2 cm, ist es groß genug für Kohlmeisen und Kleiber, aber auch kleinere Meisen, wie z. B. die Blaumeise, können darin nisten.

6 Nistkästen werden in 2 bis 3 m Höhe in Bäumen, an Haus-, Garagen- oder Schuppenwänden aufgehängt. Damit sie sowohl vor Regen als auch vor starker Sonneneinstrahlung geschützt sind, werden sie östlich oder südöstlich ausgerichtet. Im Spätsommer, nach der Brutzeit, werden die Kästen gereinigt. Entfernen Sie das Nest und bürsten Sie den Innenraum aus. Im Winter kann der Kasten als Schlafplatz genutzt werden.

AUF EINEN BLICK

Guter Zeitpunkt: Frühjahr, spätestens Ende März

Zeitbedarf: 60 bis 90 Minuten

Schwierigkeitsgrad: mittel

Material und Werkzeug: 1 Bausatz für einen Nistkasten, Hammer, Schraubenzieher

1

2

3

4

5

6

Vom Sandkasten zum Kräuterbeet

Sind die Kinder aus dem Kleinkindalter heraus, wird aus dem Sandkasten schnell eine verwaiste und ungenutzte Ecke. Dabei hat er oft einen ausgesucht schönen Platz. Da bietet sich die Umgestaltung zu einem Kräuterbeet nahezu an. Kräuterpflanzen benötigen nicht viel Platz und liefern der Küche eine gesunde und aromatische Vielfalt. Und mit einem Kräuterbeet werden Ihre Kinder den Bezug zu ihrem einstigen Lieblingsplatz im Garten nicht verlieren.

Mit blühenden Kräuterpflanzen können Sie aber noch weitere Pluspunkte sammeln: Für Insekten wie Bienen, Hummeln und Schmetterlinge ist das Nahrungsangebot knapp geworden. Ein Kräuterbeet bietet ihnen eine reichhaltige Nahrungsquelle. Im Gegenzug bestäuben sie Obst- und Gemüsepflanzen und wirken regulierend bei Schädlingsbefall. Schaffen Sie nahe dem Kräuterbeet einen Beobachtungsposten für sich und Ihre Kinder. Denn vor allem durch Beobachtung kann man viel über die Lebensweise der wertvollen Helfer lernen.

Während alle ausgewählten Kräuter in der Sonne gut gedeihen, wird der Boden für zwei Gruppen vorbereitet. Die mediterranen Kräuter bekommen mageren Sandboden, die Küchenkräuter Dill, Schnittlauch und Petersilie einen nährstoffreicheren Bereich.

So wird's gemacht:

1 Unser Sandkasten war mit großen Steinen umrahmt, die für ein Kräuterbeet ebenfalls sehr passend sind. So mussten wir gestalterisch nichts ändern. Ein Sandkasten mit einer Holzumrandung kann gut zu einem Kräuterhochbeet umfunktioniert werden. Gefällt Ihnen die Ausgangssituation nicht, räumen Sie erst einmal alle störenden Elemente beiseite. Fahren Sie dann die Sandreste in einer Schubkarre bis auf einen Rest (etwa zwei Eimer) ab. Füllen Sie das Beet mit Gartenerde, Pflanzerde oder Kompost. Um für bestimmte Kräuter einen mageren Standort zu schaffen, wird die Erde auf einer Beethälfte wieder mit dem Sandrest vermischt.

2 Haben Sie Kompost eingearbeitet, ist keine weitere Nährstoffzugabe nötig. Sonst düngen Sie mit einem organischen Dünger. Die magere Hälfte mit dem Sand bekommt Dünger für den Bedarf von »Schwachzehrern«, die andere Hälfte des Beetes für »Mittelstarkzehrer«. Mischen Sie die Erde und den Dünger gut durch und harken Sie das Beet glatt.

3 In vielen Gartencentern finden Sie im Frühjahr eine große Auswahl an Kräuterpflanzen. Zu einer Grundausstattung gehören Schnittlauch, Petersilie und Dill. Sie wachsen auf dem nährstoffreichen Boden. Für die magere Beethälfte kaufen Sie Salbei, Rosmarin, Lavendel, Oregano und Thymian.

4 Das Bepflanzen des Beetes ist dann schnell gemacht. Zuerst werden die Kräuter auf dem Beet verteilt, wobei Sie natürlich die Bodenansprüche im Blick behalten müssen.

5 Gefällt Ihnen das Arrangement, pflanzen Sie die Kräuter ein. Zuerst wird der Topf entfernt. Dann graben Sie mit einer Handschaufel ein Loch, so tief wie der Wurzelballen, und setzen die Pflanze ein. Mit den Händen schieben Sie das Loch wieder komplett zu und drücken die Erde vorsichtig an.

6 Zum Schluss fehlt nur noch ein kräftiger Schuss Wasser aus einer Gießkanne, damit alle Wurzeln einen guten Bodenschluss bekommen.

AUF EINEN BLICK

Guter Zeitpunkt: Anfang März bis Ende Mai

Zeitbedarf: 2 bis 3 Stunden

Schwierigkeitsgrad: mittel

Material und Werkzeug: ca. 2 m² Beet, 6 verschiedene Kräuter für sonnigen Standort, Pflanzerde, eventuell Sand, Schubkarre, Spaten, Schaufel, Harke, Pflanzschaufel

1

2

3

4

5

6

Gärtnern in Kisten und Töpfen

Bohnenernte auf der Terrasse: Die Buschbohnensorte »Purple Teepee« hat sehr dekorative, blauviolette Hülsen, die über dem Laub stehen. Beim Kochen verlieren die Hülsen allerdings ihre dunkle Farbe und werden grün.

Wer keinen eigenen Garten hat, muss nicht traurig sein: Gärtnern kann man auch wunderbar in Töpfen, Kisten, Kübeln und in Pflanztaschen. Eine kleine Ecke auf dem Balkon oder auf der Terrasse, in der Kinder ungestört, in eigener Regie pflanzen und säen können, macht genauso viel Freude. Neben den üblichen blühenden Beet- , Balkon- und Kübelpflanzen können Sie auch Obst und Gemüse, vor allem aber Kräuter in Töpfen, Kästen und Kübeln ziehen. Sicherlich kann man keinen Selbstversorgergarten für eine vierköpfige Familie auf der Terrasse anlegen, zum Experimentieren und Probieren reichen ein paar Töpfe aber allemal.

Wir haben Töpfe mit Kräutern bepflanzt, die herrlich duften und von denen bis zum Herbst geerntet werden kann. Außerdem haben wir Möhren in einer Tasche gezogen und in verschiedenen Holzkisten Gemüse und Erdbeeren angebaut.

AUF EINEN BLICK

Guter Zeitpunkt: frühe Gemüsesorten ab Anfang April, wärmeliebende Arten ab Mitte Mai

Zeitbedarf: jeweils etwa 30 Minuten

Schwierigkeitsgrad: leicht

Material und Werkzeug:

Kräutertöpfe: Tontöpfe, Blumenerde und Kräuterpflanzen

Karottentasche: Pflanztasche, Blumenerde, Möhrensamen

Holzkisten: Kisten, Vlies, Blumenerde, Erdbeerpflanzen, Dillsamen, Erbsensamen, Radieschensamen

So wird's gemacht – Kräutertöpfe:

1 Viele Kräuter können sehr gut im Topf gezogen werden. Das wärmeliebende Basilikum z. B. gedeiht an einer geschützten Stelle auf der Terrasse besser als im Beet. Duftende Kräuter, wie Lavendel, Rosmarin und Thymian, sowie die Küchenkräuter Schnittlauch und Petersilie eignen sich ebenfalls für die Topfkultur. Wenn Kräuter aus dem Supermarkt sofort in einen größeren Topf mit guter Erde umgesetzt werden, halten sie sich oft viele Wochen lang. Sicherer gedeihen jedoch Pflanzen aus dem Gartencenter, die speziell für die Weiterkultur angezogen werden.

2 Nach dem Umtopfen müssen die Pflanzen gut angegossen werden. Gute Blumenerde hat einen Vorrat an Dünger, so dass die Kräuter erst einmal nicht gedüngt werden müssen. Petersilie, Schnittlauch, Basilikum und Minze brauchen aber viel Wasser und müssen regelmäßig gegossen werden. Lavendel, Rosmarin und Thymian stammen aus dem trockenen Mittelmeerraum und kommen mit weniger Wasser aus.

3 Kinder ordnen, sortieren und benennen ihre Pflanzen gern. Sie haben alle Töpfe mit einem Etikett versehen, auf das sie den Pflanzennamen geschrieben haben. Ganz nebenbei lernen die Nachwuchsgärtner so schnell verschiedene Pflanzen kennen und können diese auch benennen.

Viele der hier abgebildeten Kräuter können im Sommer für die ab Seite 48 beschriebenen Aktionen verwendet werden. Sie können aus den Kräutern Tee und Limonade zubereiten, ein Kräuteröl ansetzen und sogar Pfefferminzbonbons herstellen.

So wird's gemacht – Karottentasche:

1 Möhren sind eines der Lieblingsgemüse der Kinder. Kaum ein Kind, dass die »Gelben Rüben« nicht gern roh knabbert. Schon ab Mitte März können frühe Möhrensorten ausgesät werden. Wer erst später Möhren haben möchte, kann sich mit den späten Sorten bis Mitte Juli Zeit lassen. Möhren brauchen ein Pflanzgefäß, das mindestens 25 cm hoch ist. Wir haben uns für eine große, orangerote Karottentasche entschieden. Füllen Sie die Tasche am besten mit einer torffreien Gemüseerde. Für dieses Pflanzgefäß benötigen Sie ca. 40 l Erde.

2 In der Karottentasche haben 2 Reihen Möhren Platz. Ziehen Sie zwei Rillen und streuen den Möhrensamen vorsichtig hinein. Schieben Sie die Rillen mit den Händen vorsichtig wieder zu und gießen Sie die Saat mit einer Gießkanne mit feiner Brause an. Zwischen den beiden Möhrenreihen können Sie noch eine Reihe Steckzwiebeln einsetzen. Möhren und Zwiebeln sind ideale Mischkulturpartner. Möhrensamen sind sehr fein. In der Regel schafft man es nicht, die Samen so dünn auszubringen, dass jedes Pflänzchen genug Platz hat. Sind die Pflanzen etwa 5 cm hoch, müssen Sie soweit ausgedünnt werden, dass zwischen den Pflanzen etwa 2 cm Platz ist. Ziehen Sie schwache Pflänzchen heraus und lassen Sie die stärksten stehen. Übrigens: Sie können die überschüssigen Pflanzen essen: Gewaschen und mitsamt dem Laub kleingeschnitten schmecken sie köstlich auf einem mit Butter bestrichenem Brot.

3 Nach etwa drei bis vier Monaten sind Frühmöhren erntereif. Ziehen Sie immer die größten Möhren heraus. Die übrigen haben dann mehr Platz und werden noch weiterwachsen. Sollten die Möhren platzen oder sich feine Haarwurzeln am Möhrenkörper bilden, ist es an der Zeit, alle Möhren aus der Erde zu holen.

Die Karottentasche können Sie nach der Ernte noch einmal bepflanzen. Düngen Sie die alte Erde mit etwas organischem Dünger auf. Eventuell muss auch etwas Substrat nachgefüllt werden. Dann können Sie z. B. Feldsalat in der Tasche aussäen oder auch Endiviensalat pflanzen.

So wird's gemacht – Holzkisten:

1 Auch Holzkisten eignen sich zum Gärtnern. Unsere Kisten haben allerdings breite Lücken zwischen den einzelnen Latten, so dass wir die Kisten erst einmal mit einem Vlies auskleiden, damit die Erde nicht herausrieselt. Mit Hilfe von Wäscheklammern befestigen wir das Vlies am Kistenrand. Nachdem wir alles schön glatt ausgelegt haben, tackern wir das Vlies am inneren Kistenrand fest. Jetzt kann es mit der Bepflanzung losgehen. Zunächst füllen wir jedoch die Kisten bis zum oberen Rand mit Erde und drücken diese leicht an.

2 In einer großen Holzkiste haben wir in der Mitte eine Reihe Erbsen ausgesät. Wir haben eine Zuckererbsensorte ausgewählt, die man mitsamt der Hülse essen kann. Kinder kennen Erbsen meistens nur aus der Dose oder der Tiefkühlpackung. Das Pflücken und Verspeisen der selbst angebauten Erbsen wird daher ein besonderes Erlebnis werden. Erbsen sind Kletterpflanzen und benötigen eine Kletterhilfe. Wir stecken fünf, etwa 60 bis 70 cm lange Holzstäbe zwischen die Pflanzen. Mit ihren Blattranken halten sich die Erbsenpflanzen daran fest und klettern in die Höhe. An die Ränder der Kiste haben wir noch zwei Reihen Radieschen gesät, die schon fast erntereif sind und dann Platz für die größer werdenden Erbsenpflanzen machen.

3 Die Holzkisten eigenen sich auch für eine Bepflanzung mit Erdbeeren. Die im April gesetzten Pflanzen tragen schon im ersten Jahr ein paar Früchte. Im zweiten und im dritten Standjahr wird die Ernte dann deutlich höher ausfallen. Wir haben eine Gourmet-Erdbeere, die Sorte 'Mieze nova' ausgesucht. Interessant für den Anbau in Kisten und Töpfen sind auch Sorten, die lange, bis zum Frost, tragen, wie 'Ostara' oder auch die kleinen, sehr aromatischen Walderdbeeren.

Dill ist ein guter Pflanzpartner für Erdbeeren. Wir haben im ersten Standjahr eine Reihe dieser Kräuterpflanze zwischen die noch kleinen Erdbeerpflanzen gesät.

Einen Kartoffelkübel anpflanzen

Jedes Kind mag Kartoffeln in irgendeiner Form. Auch der Kartoffelanbau ist faszinierend: »Versteckt« man im Frühjahr eine Kartoffel in der Erde, wächst in kurzer Zeit eine beeindruckende Pflanze heran. Sie bildet wunderschöne Blüten und trägt auch oberirdisch Früchte, die jedoch giftig sind. Die Ernte steckt in der Erde. Dort haben sich die Knollen auf wundersame Weise vermehrt. Etwa 100 Tage nach der Pflanzung stirbt das Kartoffellaub ab: Jetzt kann geerntet werden. Nicht nur im Garten, auch in einem großen Topf ist der Kartoffelanbau ein Erlebnis, das einfach herzustellen ist und allen Kindern Spaß bereitet.

Kartoffelpflanzen erreichen im Topf eine beachtliche Größe. Der Kübel sollte darum groß, hoch und standfest sein. Verwenden Sie einen Tontopf oder einen leichteren Kunststofftopf in einem schweren Übertopf. Achten Sie darauf, dass der Pflanztopf Wasserabzugslöcher hat. Kartoffeln sind empfindlich gegenüber Staunässe. Im Untersetzer sollte daher niemals Wasser stehen.

So wird's gemacht:

1 Zunächst lässt man die Kartoffeln vorkeimen. Das ist nicht unbedingt notwendig, verschafft den Kartoffeln aber einen Wachstumsvorsprung. Zum Vorkeimen legen Sie die Pflanzkartoffeln Anfang März in eine Holzkiste und stellen diese bei 12 bis 15 °C an einem hellen Platz auf. Die Augen entwickeln sich dabei zu kräftigen, ca. 2 cm langen Trieben.

2 Mitte April ist es dann so weit, die Kartoffeln können ausgepflanzt werden. Für den Kartoffelkübel brauchen Sie lediglich drei mittelgroße Pflanzkartoffeln. Mischen Sie herkömmliche Blumenerde mit etwas Sand und geben Sie eine etwa 15 cm dicke Schicht dieser Mischung in den Topf.

3 Auf der Erdschicht legen Sie die drei Pflanzkartoffeln mit den Keimen nach oben aus: vorsichtig, damit die jungen Triebe nicht abbrechen. Bedecken Sie die Kartoffeln mit Erde und halten Sie den Topf gleichmäßig feucht.

4 Das Kartoffelwachstum ist stark temperaturabhängig. In einem kalten Frühjahr kann es mehrere Wochen dauern, bis die Kartoffeltriebe aus dem Boden kommen. Sind die Triebe etwa 10 cm lang, füllen Sie so viel Erde nach, dass nur noch die Blattspitzen zu sehen sind. Wiederholen Sie diesen Vorgang so oft, bis der Kübel bis zum Rand mit Erde gefüllt ist. So bilden sich im Topf mehrere Lagen neuer Kartoffeln.

5 Nach einiger Zeit – dieses Bild entstand sieben Wochen nach der Pflanzung – hat sich aus den Pflanzkartoffeln eine stattliche Kübelpflanze entwickelt. In der weiteren Entwicklung können Sie mit Ihren Kindern die zarten Kartoffelblüten bestaunen, aus denen sich die giftigen (!!!) Früchte an den oberirdischen Trieben bilden. Kurz danach beginnt das Laub abzusterben und die Kartoffeln können geerntet werden.

6 Zum Ernten wird die Pflanze einfach aus dem Topf gezogen. Schütteln Sie die Erde über einer ausgebreiteten Zeitung heraus und lassen Sie sich von der Ernte überraschen.
TIPP: So können Sie in wenigen Minuten Chips zubereiten: Kartoffeln in dünne Scheiben schneiden, salzen, mit Paprikapulver bestreuen und im Abstand von 1 cm auf einen Holzspieß stecken. Diesen vorher in Wasser legen, da er sonst in der Mikrowelle brennt. Legen Sie die Spieße auf den Grillrost, so dass die Kartoffelscheiben durch das Gitter hängen. Drei bis vier Minuten bei voller Leistung in der Mikrowelle ... und fertig!

AUF EINEN BLICK

Guter Zeitpunkt: Mitte bis Ende April

Zeitbedarf: etwa 15 Minuten

Schwierigkeitsgrad: einfach

Material und Werkzeug: hoher Pflanzkübel mit 30 bis 40 cm Durchmesser, Blumenerde, eventuell etwas Sand, Gießkanne

1

2

3

4

5

6

Einen Erdbeertopf bepflanzen

Fragt man ein Kind, was es gerne im Garten oder auf dem Balkon anpflanzen möchte, stehen Erdbeeren meistens ganz oben auf der Wunschliste. Wenn Sie im Frühsommer eigene, süße und saftige Erdbeerfrüchte ernten wollen, wird es Ende März bis Mitte April Zeit, Erdbeerpflanzen zu setzen. Im Gartencenter sind jetzt viele verschiedene Erdbeersorten erhältlich. Für die Topfbepflanzung sind vor allem hängende Sorten interessant. Einige davon tragen Früchte bis zum ersten Frost. Gut geeignet sind auch die kleinen Monatserdbeeren, die ebenfalls bis in den Spätherbst Früchte bilden. Übrigens: Botanisch gesehen, zählt die Erdbeere gar nicht zu den Beerenfrüchten. Auf der Außenhaut der Frucht kann man viele kleine Samen erkennen, bei denen es sich um Nüsschen handelt. Die Erdbeere ist also eine Sammelnussfrucht.

Erdbeerpflanzen mögen einen vollsonnigen Standort und eine gleichmäßige Wasserversorgung. Vor allem in den engen Pflanztaschen des Erdbeertopfes trocknet die Erde sehr schnell aus. Während der Blüte und nach der Ernte benötigen die Pflanzen eine Portion Dünger.

Erdbeerpflanzen sind mehrjährig und bleiben im Winter draußen. Bedecken Sie die Erdoberfläche mit Stroh oder Laub und stellen Sie den Topf an einen geschützten Platz. Die äußeren Blätter sterben zum Winter hin ab. Die kleinen Blätter, die das Herz der Pflanze rosettenförmig umschließen, bleiben erhalten. Sie verdunsten an sonnigen Tagen Wasser. Damit die Pflanzen nicht vertrocknen, muss man an frostfreien Tagen gießen.

Erdbeerpflanzen können 2 bis 3 Jahre lang Früchte produzieren. Danach sind sie erschöpft und müssen ersetzt werden. Solange Ihre Erdbeerpflanzen gesund sind und keine verdächtigen Flecken auf dem Laub haben (Pilzkrankheit), kann man die Erdbeerpflanzen selbst vermehren. Verwenden Sie dazu die Tochterpflanzen, die sich im Laufe des Sommers an den Ausläufern der Mutterpflanzen bilden. Alle Ausläufer, die nicht für die Vermehrung genutzt werden, sollten Sie regelmäßig abschneiden. So bleibt die Mutterpflanze kräftiger und kann widerstandsfähig in die Überwinterung gehen.

So wird's gemacht:

1 Bedecken Sie das Abzugsloch des Topfes mit einer Tonscherbe und geben Sie eine 8 cm dicke Schicht Blähton oder Kies in den Topf. Füllen Sie nährstoffhaltige Kübelpflanzen- oder Gemüseerde bis auf die Höhe der ersten Pflanztasche ein.

2 Setzen Sie die Pflanze so tief in die Pflanztasche, dass der Ballen Kontakt zur Erde im Topf hat. Füllen Sie die Pflanztasche mit Erde, ohne das »Herz« der Pflanze zu bedecken.

3 Geben Sie erneut so viel Erde in den Topf, bis die nächsthöhere Pflanztasche erreicht ist, und setzen Sie wiederum eine Erdbeerpflanze tief in die Pflanztasche ein.

4 Sind alle Taschen bepflanzt, wird der Topf bis knapp unter den oberen Rand mit Erde angefüllt. Setzen Sie in die Topfmitte eine besonders schöne und kräftige Erdbeerpflanze. Achten Sie darauf, die Herzblättchen nicht zu bedecken.

5 Gießen Sie die Pflanzen zum Schluss gut an. Dabei muss man sehr behutsam vorgehen, damit keine Erde aus den Pflanztaschen herausgespült wird.

6 An einem sonnigen Platz aufgestellt, schenkt Ihnen Ihr Erdbeertopf Anfang bis Mitte Juni die ersten Früchte.

AUF EINEN BLICK

Guter Zeitpunkt: Ende März bis Mitte April

Zeitbedarf: 30 bis 60 Minuten

Schwierigkeitsgrad: einfach

Material und Werkzeug: großer Topf mit Pflanztaschen, Blähton oder Kies, 1 Tonscherbe, Kübelpflanzen- oder Gemüseerde, Erdbeerpflanzen, Gießkanne

1

2

3

4

5

6

Ein Bohnentipi bauen

Wenn Kinder die Möglichkeit haben, sich ihre »eigenen vier Wände« zu schaffen, sind sie voll in ihrem Element und mit Feuereifer dabei. Mit einfachen Mitteln können Sie mit Ihren Kindern eine Hütte aus lebenden Pflanzen bauen: ein Tipi aus Stangenbohnen oder Feuerbohnen, gestützt von einem Gerüst aus Bambusrohren.

Tipi nennt man die gemütlichen Zelte der Prärieindianer. Sie waren Nomaden und zogen von einem Ort zum anderen. Dafür brauchten Sie eine Behausung, die sie leicht auf- und abbauen konnten. Unser Tipi ist allerdings für einen Sommer fest installiert. Im nächsten Jahr kann es aber bei Bedarf auch an einem anderen Platz aufgebaut werden.

Bohnen sind sehr wärmebedürftig. Sie können erst nach den Eisheiligen, also erst ab Mitte Mai gepflanzt oder gesät werden. In kalten Gegenden lohnt sich eine Anzucht der Bohnen in kleinen Töpfen auf der Fensterbank, denn sie keimen nur in erwärmten Böden. Ist erst genügend Wärme und Feuchtigkeit vorhanden, kann man den Bohnenpflanzen fast beim Wachsen zusehen. Innerhalb weniger Wochen sind die Stangen begrünt. Im Sommer können Sie die Bohnen sogar ernten und vielleicht gemeinsam mit den Kindern zubereiten. Lassen Sie einige Bohnen ausreifen. Ernten Sie die Hülsen, wenn sie gelb und trocken geworden sind. Zu diesem Zeitpunkt können Sie die reifen Samen aus den Hülsen puhlen und das Saatgut für einen erneuten Aufbau des Tipis im nächsten Jahr aufheben.

So wird's gemacht:

1 Legen Sie mit einem Seil oder z. B. mit dem Gartenschlauch den kreisförmigen Grundriss von etwa 1,2 bis 1,5 m Durchmesser des Bohnentipis fest. Entlang des Kreises wird eventuell vorhandener Rasen etwa 20 cm breit abgestochen. Entfernen Sie die Rasensoden und graben Sie den Erdkreis um. Arbeiten Sie dabei für die schnellwachsenden Bohnen Kompost oder organischen Dünger mit ein.

2 Innerhalb des gelockerten Erdkreises stecken Sie 7 bis 9 etwa 2,5 m lange Bambusrohre in den Boden. Treiben Sie die Rohre etwa 50 cm tief ein. Der Eingang des Tipis bleibt frei.

3 Mit einem Kokosstrick werden die Stangen oben fest zu einer Spitze zusammengebunden.

4 Ab Mitte Mai werden um jede Stange jeweils 6 Feuerbohnensamen ca. 3 cm tief in den Boden gedrückt. Sie können die Bohnenpflanzen ab Mitte April auch schon in kleinen Töpfen auf der Fensterbank vorziehen. Dann haben die Pflanzen einen kleinen Wachstumsvorschub und das Tipi ist schneller begrünt. Pro Topf werden dazu 2 bis 3 Samen ausgelegt (siehe Seite 10 ff). Um jede Bambusstange werden 2 bis 3 Bohnentöpfe gepflanzt.

5 Gießen Sie die Jungpflanzen gut an und halten Sie sie auch in den folgenden Wochen gleichmäßig feucht. Jetzt kann man fast zuschauen, wie die Bohnen wachsen und sich um die Stangen schlängeln.

6 Nach 4 bis 5 Wochen ist das Tipi so dicht, dass es bewohnt werden kann. Vorher wird noch ein »Rindenmulchteppich« ausgelegt und mit einer Decke, einem großen Stein oder Holzklotz eine Sitzgelegenheit geschaffen. Jetzt kann die Einweihungsparty steigen. Wer weiß, mit einem Eis oder einer kühlen Limo als Mitbringsel werden Sie vielleicht auch eingeladen.

AUF EINEN BLICK

Guter Zeitpunkt: Mitte Mai bis Mitte Juni

Zeitbedarf: 1 bis 2 Stunden für die Erdarbeiten, 30 Minuten für das Säen oder Pflanzen

Schwierigkeitsgrad: mittel

Material und Werkzeug: 7 bis 9 Bambusstäbe 2,5 m lang, pro Stab 6 Feuerbohnensamen; Gartenschlauch, Kokosstrick, Spaten, Pflanzschaufel, Gießkanne

1

2

3

4

5

6

Einen Apfel in der Flasche ziehen

Im Spirituosenregal findet man manchmal einen Obstbrand mit einem ganzen Apfel oder einer Birne in der Flasche. Zauberei? Flaschenboden abgeschnitten und wieder zusammengeklebt? Natürlich nicht. Der Apfel ist durch den Flaschenhals in das Innere der Flasche gelangt. Der Trick ist ganz einfach: Der Apfel wandert schon in die Flasche, wenn er noch so klein ist, dass er durch den Flaschenhals hindurchpasst. Apfel oder Birne wachsen in der Flasche am Baum weiter, bis sie reif sind. Dann wird das Obst mitsamt der Flasche geerntet und konserviert.

So wird's gemacht:

1 Für dieses spannende Experiment brauchen Sie einen Apfel- oder Birnbaum, eine Flasche und geeignetes Befestigungsmaterial. Die Flasche sollte dickbauchig sein und nur einen kurzen Hals haben. Sie bekommen solche Flaschen in Geschäften, die Essig, Öl und Schnäpse aus Fässern abfüllen und verkaufen. Zum Befestigen haben sich ein starker Bindfaden und ein Netz, in das Sie die Flasche einbinden können, gut bewährt. Es sollte weitmaschig sein, damit noch Licht in die Flasche gelangt.

2 Mitte bis Ende Mai, wenn nach der Apfelblüte der Fruchtansatz gut zu erkennen ist, werden die etwa haselnussgroßen Früchte für die Flasche präpariert. Die Äpfel sitzen büschelweise am Fruchtholz. Wählen Sie ein Büschel an einem langen, biegsamen Trieb aus. Von dem Apfelbüschel lassen Sie nur die größte Frucht stehen. Alle anderen Äpfelchen werden entfernt. Außerdem schneiden Sie die Blätter rund um den Apfel, bis auf ein oder zwei schöne, gesunde Exemplare, weg. Diese Blätter bleiben erhalten, um die Frucht zu ernähren.

3 Die Flasche wird mit Netz und Bindfaden im Baum, in der Nähe der freigeschnittenen Frucht aufgehängt. Sie sollte unbedingt kopfüber hängen, damit eindringendes Wasser wieder herauslaufen kann und nicht zu Fäulnis der Frucht führt. Die Befestigung im Baum muss fest und stabil sein, schließlich bleibt die Flasche dort über Monate hängen und muss Wind und Wetter standhalten. Hängen Sie vorsichtshalber zwei oder drei Flaschen auf, damit Sie sicher ernten können, auch wenn einmal eine Frucht vorzeitig abfällt.

4 Sind die Flaschen im Baum befestigt, werden die Zweige mit den freigeschnittenen Früchten in die Flaschen eingeführt. Jede Flasche ist nur für eine Frucht gedacht. Sie müssen dabei ganz behutsam vorgehen, damit die Zweige oder die kleine Frucht nicht abbrechen. Alles, was Sie danach noch tun können, ist beobachten und abwarten, dass die Frucht reift.

5 Anfang September war es bei unseren Äpfeln so weit: In beiden Flaschen war ein schöner roter Apfel herangereift. Sobald dies der Fall ist, wird die Befestigung im Baum gelöst und entfernt. Dann kann die Flasche mitsamt Apfel »gepflückt« werden.

6 Nach den vielen Wochen im Baum muss die Flasche sorgfältig gereinigt werden. Spülen Sie sie mit warmem Wasser aus und reinigen Sie das Glas mit einer Flaschenbürste. Um die Frucht zu konservieren, wird die Flasche mit hochprozentigem Alkohol aufgefüllt. Dafür eignet sich ein Obstbrand. Anschließend wird die Flasche fest verkorkt. Geschmückt mit z. B. einem Zweig Zieräpfeln, haben Sie eine außergewöhnliche Herbstdekoration hergestellt. Soll der Obstbrand auch getrunken werden – selbstverständlich nur von Erwachsenen –, brauchen Sie noch etwas Geduld. Etwa zwei Jahre soll die Frucht im Alkohol ziehen.

AUF EINEN BLICK

Guter Zeitpunkt: Mitte Mai bis Anfang Juni

Zeitbedarf: ca. 30 Minuten

Schwierigkeitsgrad: mittel

Material und Werkzeug: Apfel- oder Birnbaum mit Fruchtansatz, Flasche, starker Bindfaden, Netz (z. B. von Orangen, Zitronen oder Zwiebeln), Gartenschere, Obstbrand

1

2

3

4

5

6

Sommer

Im Sommer werden die ersten Früchte reif. Erdbeeren und Himbeeren aus dem Beet oder dem Topf wollen genascht werden. Im Blumenbeet können herrliche Sträuße gepflückt werden.
An heißen Tagen steht bei Kindern oft das Thema »Wasser« im Vordergrund. Legen Sie doch einmal einen Miniteich an. Kleine Naturschützer freuen sich zudem über ein selbst gebautes Insektenhotel.

Samenbomben bauen

Samenbomben ... das hört sich spektakulär, spannend, gefährlich und verboten an. Samenbomben sind aber völlig ungefährliche kleine Erdkugeln mit Blumensamen. Explodieren kann da nur eine Blütenpracht. Samenbomben werden aus Gartenerde, Tonpulver, Samen und Wasser hergestellt. Das Gemisch wird zu walnussgroßen Kugeln geformt. Diese werden steinhart und sind, trocken gelagert, mehrere Monate haltbar. Nicht nur Blumen, auch Kräuter oder Salate sind »saatbombengeeignet«.

Blumen: Mischungen wie z. B. Wildblumen, essbare Blüten, Duftblumen, einjährige Sommerblumen wie z. B. Sonnenblumen, Zinnien, Jungfer im Grünen, Ringelblumen, Kapuzinerkresse, Malven, Studentenblumen, Wicken und Mohn
Gemüse: Pflücksalat, Feldsalat, Rucola, Spinat, Schnittsalat
Kräuter: Dill, Schnittlauch, Wilde Rauke

Die Idee für Samenbomben stammt aus der »Guerilla-Gardening-Szene«, die in den 1970er Jahren entstand. Immer mehr Leute warfen in großen Städten Samenbomben als Protest gegen Betonwüsten und Umweltverschmutzung. Triste Innenstädte sollten heimlich verschönert werden.

»Bombardieren« ist jedoch nicht überall erlaubt . Auch Naturschutzorganisationen melden Bedenken an: Für Seed-Balls werden meistens Samen von gezüchteten Zierpflanzen verwendet. Diese Zierformen vermischen sich mit den Wildformen, so dass diese zurückgedrängt werden. Samenbomben dürfen keinesfalls in Naturschutzgebieten ausgebracht werden. Auch Brachflächen, die auf den ersten Blick trist erscheinen, sind erhaltenswerte Lebensräume für viele Tier- und Pflanzenarten und sollten daher nicht verändert werden.

Samenbomben sind aber mehr als eine gute Idee für den eigenen Garten, für Blumenkästen und Kübel und sie eignen sich hervorragend als kleine Überraschung zum Verschenken.

Rezept für 20 Samenbomben: 15 Esslöffel Gartenerde, 12 Esslöffel Tonpulver, 3 Esslöffel Blumensamen, etwas Wasser

So wird's gemacht:

1 Die Kinder dürfen die trockenen Zutaten abmessen und in einer Schüssel gut durchmischen. Übrigens: Tonpulver bekommen Sie z. B. unter dem Namen »Heilerde« im Reformhaus.

2 Beim Rühren wird esslöffelweise das Wasser hinzugegeben. Man nimmt so viel Wasser, dass der »Teig« klebrig-klumpig wird, so wie auf dem Bild zu sehen. Dann ist er gut formbar.

3 Wenn die Masse gut durchgeknetet ist, können die »Seed-Balls« geformt werden. Eine walnussgroße Menge »Teig« wird zwischen den Händen zu einer glatten Kugel gerollt.

4 Die fertigen Kugeln werden in eine Eierpappe gelegt. Nach zwei bis drei Tagen sind die Samenbomben gut durchgetrocknet und ganz hart geworden. Jetzt können sie als kleines Geschenk z. B. in einer Zellophantüte verpackt werden.

5 Die Bomben können natürlich auch ausgelegt werden. Sie brauchen sie nicht einzugraben. Sie können die Seed-Balls gießen oder auf den nächsten Regen warten. Bei warmer und feuchter Witterung, keimen die ersten Samen nach einer Woche.

6 Je nach »Bombenmischung« wachsen im Laufe des Sommers unter guten Bedingungen bunte Blumen heran, oder sie können nach einigen Wochen Salat oder Kräuter ernten.

AUF EINEN BLICK

Guter Zeitpunkt: Mitte Mai bis Ende Juli

Zeitbedarf: etwa 30 Minuten

Schwierigkeitsgrad: einfach

Material und Werkzeug: Gartenerde, Tonpulver (Heilerde), Blumen-, Kräuter- oder Gemüsesamen, Wasser, Schüssel, Rührlöffel, Eierkartons

1

2

3

4

5

6

Holunderblütensirup kochen

Der schwarze Holunder hat eine lange Tradition als Heil- und Obstpflanze. Der 5 bis 6 m hohe Strauch war früher in jedem Bauerngarten zu finden. Auch heute wird der Holunder in verschiedenen Sorten wieder im Hausgarten angepflanzt. Wilde Sträucher finden Sie in Feldhecken und am Waldrand. Der Volksmund bezeichnet den Holler- oder Fliederbeerstrauch auch als »Apotheke des Bauern«. Die schwarzen Beeren sind reich an Vitamin C und werden als Hausmittel zur Immunstärkung eingesetzt.

Auch die Blüten des Holunderstrauches finden in der Küche Verwendung. Sie können zu Köstlichkeiten wie Hollerkücherl, Gelee oder Sirup verarbeitet werden. Sirup ist eine dickflüssige, konzentrierte Lösung und heißt übersetzt »süßer Heiltrank«. Er wird von Kindern heiß geliebt (und kalt getrunken). Mit Eiswürfeln und Mineralwasser gemischt, wird aus dem Holunderblütensirup schnell ein erfrischendes Sommergetränk. Der Sirup ist einfach herzustellen, so dass Kinder mit Freude dabei helfen.

Blühenden Holunder finden Sie den ganzen Juni über. Die Blüten sind erntereif, sobald sie ihren aromatischen Duft verströmen. Einen besonders ausgeprägten Geschmack bekommt der Sirup, wenn Sie die Blüten bei Sonnenschein ernten und ungewaschen verarbeiten. Geerntet wird daher nur abseits viel befahrener Straßen. Möchten Sie die Blüten trotzdem lieber waschen, warten Sie mit der Weiterverarbeitung, bis sie wieder trocken sind. Mit Hilfe einer Schere werden die Blüten vom Strauch geschnitten und in einen Korb oder eine große Schale gelegt. Nehmen Sie für die Ernte eine schmale Harke, einen Spazierstock oder Ähnliches mit. Holundersträucher sind hoch, oftmals kommt man vom Boden aus nicht an die Blüten heran.

So wird's gemacht:

1 Für 2 l Holunderblütensirup brauchen Sie: 25 Holunderblüten, 1200 g Zucker, 2 Bio-Zitronen, 30 g Zitronensäure und 1,5 l Wasser. Waschen Sie die Zitronen heiß ab und schneiden Sie sie in 1 cm dicke Scheiben. Die Blüten werden vorsichtig ausgeschüttelt, um versteckte »Krabbeltiere« zu entfernen. Die Kinder dürfen die Blüten und die Zitronenscheiben in große Einmachgläser einschichten. Schließlich wird die Zitronensäure darüber gestreut.

2 Als Nächstes stellen Sie eine Zuckerlösung her. In 1,5 l abgekochtes, noch heißes Wasser wird der Zucker eingerührt. Vorsichtig rühren die Kinder, bis sich der Zucker aufgelöst hat.

3 Lassen Sie die Lösung noch etwas abkühlen und gießen Sie sie dann über die Holunderblüten. Die Einmachgläser werden gut verschlossen und 4 Tage lang an einem kühlen Platz aufbewahrt.

4 Nach den 4 Tagen ist der Sirup gut durchgezogen. Über ein feines Sieb werden die Blüten und Zitronenscheiben abgegossen. Die Flüssigkeit wird aufgefangen. Um den Sirup zu konservieren, kochen Sie ihn mindestens 5 Minuten ab.

5 Der Sirup wird heiß in Twist-off-Flaschen abgefüllt und sofort verschlossen. Sirup, der sofort getrunken wird, muss nicht unbedingt abgekocht werden.

6 Ganz lecker schmeckt die folgende Mischung: 25 ml Holunderblütensirup, 3 Eiswürfel, 250 ml Mineralwasser und ein Blättchen Minze in einem Glas verrühren ... und genießen.

AUF EINEN BLICK

Guter Zeitpunkt: Ende Mai bis Mitte Juni

Zeitbedarf: etwa 30 Minuten (ohne die Ziehzeit)

Schwierigkeitsgrad: einfach

Material und Werkzeug: Holunderblüten, Zucker, Zitronen, Zitronensäure, Wasser, große Einmachgläser, Sieb, Kochtopf, Twist-off-Flaschen

1

2

3

4

5

6

Einen Miniteich anlegen

Auf ausdrücklichen Wunsch der Kinder ziehen zwei Goldfische aus dem Gartenteich des Nachbarn in den Miniteich ein. Da das Wasser zu flach ist, können die Fische hier aber nicht überwintern.

Wasser übt auf Kinder eine ganz besondere Anziehungskraft aus. Was gibt es an einem heißen Sommertag Schöneres, als mit Wasser zu spielen? Spielerisch können Sie mit Hilfe dieser Anleitung zusammen mit ihren Kindern eine Teichlandschaft im Kleinformat für Balkon oder Terrasse anlegen. Dazu dient eine alte Zinkwanne oder ein anderes großes, wasser dichtes Gefäß. Wasserpflanzen und das Zubehör bekommt man ab Ende Mai in gut sortierten Gartencentern oder auch in Staudengärtnereien. Die Pflanzen werden zunächst in spezielle Pflanzkörbe gesetzt. Diese werden dann, ihren Bedürfnissen entsprechend, in verschiedenen Höhen im Teichgefäß angeordnet.

TIPP: Legen Sie den kleinen Teich gleich dort an, wo er den Sommer über stehen bleiben soll. Das bepflanzte und wassergefüllte Gefäß wird so schwer, dass es nicht mehr transportiert werden kann.

AUF EINEN BLICK

Guter Zeitpunkt: Ende Mai bis Ende Juni

Zeitbedarf: 1 bis 2 Stunden

Schwierigkeitsgrad: mittel

Material und Werkzeug: großes wasserdichtes Gefäß, Wasserpflanzen, Pflanzkörbe, dünnes Vlies, Wasserpflanzenerde, Kies, einige Pflaster- oder Ziegelsteine, Schere, Gießkanne oder Schlauch

So wird's gemacht:

1 Für den Miniteich benötigen Sie ein großes, wasserdichtes Gefäß aus Plastik, Zink oder Holz. Will man eine Zwergseerose pflanzen, sollte es mindestens 40 cm tief sein. Zu einer Seerose kann man eine hochwachsende Pflanze, z. B. einen Teichschachtelhalm und eine niedrigere Pflanze, z. B. ein Hechtkraut setzen. Für jede Pflanze benötigen Sie einen speziellen Pflanzkorb, ein Stück Vlies und Kieselsteine. Kaufen Sie außerdem einen kleinen Sack Wasserpflanzenerde ein, und legen Sie einige Pflaster- oder-Ziegelsteine bereit.

2 Zuerst werden alle Wasserpflanzen in die Pflanzkörbe eingesetzt. Kleiden Sie den Korb zunächst mit einem Stück Vlies aus, damit die Erde nicht herausgespült wird. Topfen Sie dann die Pflanze aus ihrem ursprünglichen Topf aus und setzen Sie sie in die Mitte des Korbes. Rundherum wird der Korb jetzt mit der Wasserpflanzenerde aufgefüllt. Sie können sich diese auch aus einem Gemisch aus Lehm und Sand selber herstellen, oder z. B. eine noch vorhandene Vermehrungserde verwenden. Wichtig ist, dass das Substrat nährstoffarm ist, damit sich keine Algen bilden.

3 Überstehende Vliesreste werden jetzt mit einer Schere nahe am Rand des Pflanzkorbes abgeschnitten. Die Erde in den Pflanzkörben sollte mit Kieselsteinen dicht abgedeckt werden, damit diese nicht aus dem Korb herausgeschwemmt wird. Wenn Sie die Kieselsteine nicht im Baumarkt oder Gartencenter bekommen, finden Sie sie sicherlich im Baustoffhandel. Sie sind in unterschiedlichen Größen und Farben erhältlich und können ganz nach persönlichem Geschmack ausgewählt werden. Kieselsteine, die Sie übrig haben, können Sie, bevor das Wasser eingelassen wird, auf dem Boden der Zinkwanne verteilen.

4 Im nächsten Schritt kommen die Pflaster- oder Ziegelsteine zum Einsatz. Mit ihnen werden in dem Teichgefäß verschiedene Ebenen geschaffen. Aus den Pflegeanleitungen der Wasserpflanzen können Sie entnehmen, welchen Wasserstand die jeweilige Pflanze bevorzugt. Schichten Sie die Steine so weit auf, dass eine ebene Standfläche in der idealen Höhe für jede Pflanzenart entsteht.

5 In der Mitte des Gefäßes lassen Sie einen freien Platz für die Seerose. Sie steht immer an der tiefsten Stelle. Übrigens gibt es im Fachhandel spezielle Sorten, die auch in kleinen Teichgefäßen gedeihen. Trotzdem ist eine Seerose in einem so relativ kleinen Gefäß nicht winterhart. Die Überwinterung ist aber dennoch einfach: nehmen Sie die Seerose im Spätherbst mitsamt dem Pflanzkorb aus dem Miniteich heraus und stellen Sie sie in einen Eimer. Bedecken Sie die Pflanze mit Wasser und stellen Sie den Eimer an einen kühlen, frostfreien Platz. Im nächsten Mai setzen Sie die Pflanze wieder in den Teich ein.

6 Nacheinander werden jetzt auch die anderen Pflanzen in das Teichgefäß eingesetzt. Stellen Sie die Pflanzkörbe auf die aufgeschichteten Steine. Hier wird gerade ein Teichschachtelhalm eingesetzt. Der Teichschachtelhalm kann über Winter draußen bleiben. Auch wenn der Pflanzkorb durchfriert, treibt er im nächsten Frühjahr wieder aus. Da die Pflanze sehr wuchert, nehmen Sie sie im Frühjahr aus dem Korb heraus, teilen den Wurzelballen und setzen nur ein Teilstück wieder ein.

7 Als dritte Pflanze haben wir einen Froschlöffel ausgewählt, der bis in den September hinein blüht. Achten Sie darauf, dass der Pflanzkorb nicht über den Rand des Teiches herausragt, auch wenn der Froschlöffel nur flach im Wasser stehen soll. Wie der Schachtelhalm, ist auch der Froschlöffel winterhart und kann in dem Teichgefäß verbleiben.

8 Sind alle Pflanzkörbe ansprechend in dem Teichkübel arrangiert, kann das Wasser eingelassen werden. Für Kinder der größte Spaß an der ganzen Aktion. Idealerweise sollte das Wasser für einen Teich eine mittlere Wasserhärte zwischen 7 und 14 ° deutscher Gesamthärte aufweisen. Ist ihr Leitungswasser zu hart, verwenden Sie besser Regenwasser oder mischen das Leitungswasser zumindest damit. Füllen Sie das Gefäß bis etwa 2 cm unter den Rand. Den Sommer über kann es bei starker Hitze hin und wieder erforderlich sein, Wasser nachzufüllen.

9 Einige Wochen nach der Bepflanzung des Teiches blüht die Seerose. Darauf sind wir sehr stolz. Unser Teich steht im Halbschatten, so dass sich das Wasser nicht allzu sehr aufheizt und klar bleibt. Zwei kleine Goldfische machen den Kindern besonders viel Spaß. Sie können die Fische unterscheiden und haben ihnen sogar Namen gegeben. Zum Überwintern ziehen die Fische im Herbst wieder in den Nachbarteich um.

Kräuter ernten und genießen

Mit dem wachsenden Wunsch nach gesunder und natürlicher Lebensweise stoßen Kräuter und Gemüse aus eigenem Anbau gerade bei jungen Familien wieder auf großes Interesse. Vielleicht haben Sie im Frühjahr schon ein Kräuterbeet angelegt oder Sie ziehen die duftenden und aromatischen Pflanzen in Töpfen und Kübeln. Dann stellt sich spätestens im Sommer die Frage nach der Verwendung. Natürlich können Sie die Kräuter laufend in der Küche zum Würzen und verfeinern von Speisen und Getränken verwenden. Aber was macht man mit der üppig wachsenden Minze oder der riesig gewordenen Zitronenmelisse?

Aus frischen Kräutern und gutem Öl lässt sich ohne viel Aufwand ein aromatisches Kräuteröl herstellen.

Kinder experimentieren gerne mit den wohlriechenden Blättern und Trieben. Minze und Melisse eignen sich gut für Tees. Im Sommer können die frischen Blätter verwendet werden. Überbrühen Sie diese mit kochendem Wasser und lassen Sie sie einige Minuten ziehen. Der Kräutertee schmeckt heiß und wird von Kindern – leicht gesüßt mit etwas Apfelsaft – auch gerne als Kaltgetränk angenommen. Lässt man Minze- und Melisseblätter über Nacht in Apfelsaft ziehen, können Sie mit sprudelndem Mineralwasser eine Kräuterlimonade zubereiten. Besonders gut kommen bei Kindern die selbst gemachten Pfefferminzbonbons an.

Auch das Aroma mediterraner Kräuter wie Thymian, Oregano, Rosmarin und Lavendel können Sie für den langen Winter einfangen und konservieren. Ernten Sie diese Kräuter kurz vor der Blütezeit, denn dann ist der Gehalt an ätherischen Ölen besonders hoch. Ein selbst gemachtes Kräuteröl ist schnell hergestellt und sorgt als Geschenk in einer hübschen Flasche für Aufsehen. Ähnich wie ein Kräuteröl können Sie auch Kräuteressig herstellen.

AUF EINEN BLICK

Guter Zeitpunkt: Tee, Limonade und Bonbons: solange Blätter an den Kräuterpflanzen sind. **Öl:** kurz bevor die Kräuter blühen

Zeitbedarf: jeweils 30 bis 60 Minuten

Schwierigkeitsgrad: mittel

Material und Werkzeug:

Tee und Limonade: Minze ,Melisse, Apfelsaft, Wasser
Bonbons: Minze, Butter, Zucker, Sahne, Kochtopf, Rührlöffel, Messer
Öl: Mediterrane Kräuter, Rapsöl, Flaschen mit Verschluss

So wird's gemacht – Kräuteröl:

1 Schnell gemacht ist ein aromatisches Kräuteröl. Sie brauchen dazu eine dekorative, saubere Flasche, die sich luftdicht mit einem Korken verschließen lässt, ein hochwertiges, neutral schmeckendes Öl, z. B. Rapsöl und einige Kräuterzweige aus dem Garten. Wir haben in jede Flasche eine geschälte Knoblauchzehe, je einen Zweig Rosmarin, Thymian, Salbei und Oregano sowie eine Lavendelblüte gesteckt.

2 Sowohl die Flasche als auch die Kräuter müssen unbedingt trocken sein. Wasserreste in der gespülten Flasche oder auf den gewaschenen Kräutern lassen das Öl sehr schnell verderben. Man erkennt das daran, dass das Öl trübe wird. Mit einem Trichter werden die Kräuter in den Flaschen mit dem Öl aufgegossen. Die Kräuterzweige müssen dabei unbedingt ganz mit Öl bedeckt sein.

3 Verkorken Sie die Flaschen und lassen Sie das Öl 3 bis 4 Wochen an einem hellen Platz durchziehen. Danach werden die Flaschen kühl und dunkel gelagert. Solange Sie kein Öl entnehmen, können die Kräuter in der Flasche bleiben. Nehmen Sie das Öl in Gebrauch, ist es ratsam die Zweige zu entfernen, denn sobald das Öl diese nicht mehr bedeckt, kommen sie mit Sauerstoff in Berührung und verderben.

So wird's gemacht – Kräutergetränke:

1 Aus einigen frischen Blättchen der Zitronenmelisse oder der Pfefferminze können Sie in wenigen Minuten einen frischen Tee herstellen. Überbrühen Sie die Kräuter einfach mit kochendem Wasser und lassen Sie den Tee ein paar Minuten ziehen. Er schmeckt sowohl warm als auch kalt. Kinder bevorzugen das Getränk, wenn es mit Honig oder einem Schuss Apfelsaft gesüßt wird.

2 Aus Zitronenmelisse und Minze können Sie auch eine Kräuterlimonade herstellen. Pflücken Sie dafür 5 Stängel Melisse und 5 Stängel Minze und binden Sie diese jeweils zu einem Bündel zusammen. Geben Sie 1 l Apfelsaft und eine halbe, in Scheiben geschnittene Bio-Zitrone in einen Krug. Stecken Sie die Kräuterbündel kopfüber in den Saft und stellen Sie den Krug über Nacht in den Kühlschrank. Am nächsten Tag werden die Zitronenscheiben und die Kräuterbündel wieder heraus genommen.

3 Gießen Sie ein Trinkglas halbvoll mit dem Kräuter-Apfelsaft und füllen Sie das Glas mit eiskaltem Mineralwasser auf. Die Mischung ergibt eine köstliche Kräuterlimonade – sehr erfrischend an heißen Tagen.

TIPP: Wollen Sie Melisse im Garten oder im Topf anpflanzen, probieren Sie statt der üblichen Zitronenmelisse *(Melissa officinalis)* doch einmal die Weiße Melisse *(Nepeta cataria* ssp. *citriodora)* aus. Sie hat ebenfalls ein wohlschmeckendes, zitroniges Aroma, dass sich beim Trocknen und bei der Teezubereitung besser hält als das Aroma der Zitronenmelisse. (Bezugsquelle Seite 124)

So wird's gemacht – Pfefferminzbonbons:

1 Pfefferminzbonbons selber zu machen, ist schon eine kleine Herausforderung. Aber die Mühe lohnt sich: die Bonbons schmecken wirklich köstlich. Wir haben für unsere Nascherei ein Grundrezept für Karamellbonbons herausgesucht und dieses Rezept mit Minze aus dem Garten verfeinert. Sie brauchen für ca. 50 Bonbons: 100 g braunen Zucker, 100 g weißen Zucker, 100 ml Sahne, 25 g Minzeblätter und 25 g Butter.

2 Schneiden Sie die Minze in feine Streifen und vermischen Sie die Kräuter mit der Sahne. Pürrieren Sie die Masse mit einem Stabmixer. Geben Sie die beiden Zuckersorten und die Minze-Sahne in einen Kochtopf. Bei mittlerer Temperatur wird die Masse rührend zum Kochen gebracht. Hören Sie jetzt auf zu rühren, und lassen Sie die Masse 15 Minuten kochen, bis sie zähflüssig wird. Währenddessen legen Sie eine flache Schale mit Backpapier aus. Geben Sie die Butter in die heiße Zucker-Sahne-Masse. Schwenken Sie den Topf bis die Butter geschmolzen ist. Gießen Sie die heiße Bonbonmasse in die vorbereitete Schale.

3 Nach 2 bis 3 Stunden im Kühlschrank ist die Masse fest geworden. Lösen Sie die Bonbonplatte aus der Schale und legen Sie diese auf ein Holzbrett. Schneiden Sie die Platte mit einem breiten, scharfen Messer in Streifen. Die Streifen schneiden Sie nach Belieben in Quadrate oder Rechtecke. Alle Bonbons, die nicht selber gegessen werden, können Sie, hübsch verpackt, verschenken. Schneiden Sie Butterbrotpapier in kleine Rechtecke und wickeln Sie die Bonbons einzeln darin ein.

Blumenkränze flechten

Blumen sind Kunstwerke der Natur. Ihre Farben, Formen und Düfte sprechen die Sinne an und wecken Emotionen. Erinnern Sie sich noch daran, wie es war, als Kind auf einer Wiese zu sitzen, Blumen zu pflücken und diese dann zu einem Kranz zu flechten? Vor allem Mädchen lieben diese Beschäftigung. Mit einem Blumenkranz im Haar fühlen sie sich wie kleine Prinzessinnen. Das Flechten von Blumenkränzen ist auch ein tolles Angebot für einen Kindergeburtstag. Bereiten Sie die Aktion gut vor, denn wenn Sie vielen kleinen Prinzessinnen bei ihrem Kopfschmuck helfen müssen, sollte alles Material bereitliegen.

Die einfachsten Kränze werden aus Löwenzahnblüten oder Gänseblümchen angefertigt. Mit der »Schlitz-Technik« gelingt das auch kleinen Kindern. Mit den Fingernägeln wird dazu ein kleiner Schlitz in den Stängel der Blüte gemacht. Durch den Schlitz wird eine zweite Blüte gesteckt. Der Stängel dieser Blüte wird wiederum geschlitzt um die nächste Blüte hindurch zu stecken. So ergibt sich ein langer Blumenstrang, der zu einem Kranz geformt wird. Je nach Lust und Ausdauer können Sie den Kranz einfach oder mehrfach um den Kopf legen.

Für die hier angefertigten Blumenkränze müssen die Kinder schon einen Zopf flechten können. Können sie das noch nicht, ist es besser, das Flechten vorher zu üben. Für die Kränze muss der Zopf fest und gut haltbar sein. Blumen für die Kränze finden Sie vom Frühjahr bis zum Herbst im Garten, auf Wiesen und an Feldrändern. Besonders groß ist die Auswahl im Frühsommer. Soll der Blumenkranz auch am nächsten Tag noch frisch aussehen, besprühen Sie ihn mit Wasser, und lagern ihn in einer Plastiktüte im Kühlschrank.

So wird's gemacht:

1 Geeignet sind alle Blüten, die einen einigermaßen kräftigen Stängel haben. Sie finden die Blumen im Garten, auf dem Balkon oder am Wegesrand. Die Kinder schauen sich die Blumen an, sortieren und überlegen, was gut zueinander passt.

2 Die Blumenstängel werden auf etwa 6 bis 8 cm eingekürzt. Blätter werden abgepflückt. Harte Stängel, wie z. B. die der Rosen bleiben so wie sie sind. Weiche Stängel werden mit dünnem Golddraht (Bastelgeschäft) umwickelt, damit sie nicht abknicken.

3 Binden Sie einen Strang Naturbast zusammen und befestigen Sie ihn an einer Halterung, z. B. an der Lehne eines schweren Gartenstuhls. Teilen Sie den Strang in 3 gleich dicke Teile und flechten Sie einige Zentimeter. In gleichmäßigen Abständen werden Blüten und Grünes, z. B. Buchsbaum, mit eingebunden.

4 Statt mit Bast können Sie auch mit Efeu einen Blumenkranz flechten. Die Efeuranken werden zuvor möglichst lang abgeschnitten. Verwenden Sie nur dünne, biegsame Ranken. Dickere brechen leicht ab. Die Efeuranken werden oben mit schwarzem Zwirn oder mit Blumendraht zusammengebunden.

5 Ist der geflochtene Strang etwa 40 cm lang, wird das Ende mit einem Stück Bast zusammengebunden. Passen Sie ihn an die Kopfgröße des Kindes an und knoten Sie den Bast zu einem Kranz zusammen. Bei einem Efeukranz werden Anfang und Ende übereinandergelegt und wiederum mit Zwirn oder Blumendraht zusammengebunden.

6 Sitzt der Kranz zu locker, kann er mit ein paar Haarklammern zusätzlich befestigt werden. Dann fällt er auch beim Spielen nicht herunter.

AUF EINEN BLICK

Guter Zeitpunkt: Mitte Mai bis Ende September

Zeitbedarf: etwa 30 Minuten

Schwierigkeitsgrad: mittel

Material und Werkzeug: Naturbast oder Efeuranken, Blüten, Triebspitzen vom Buchsbaum, Golddraht (3 mm dick), Zwirn oder Blumendraht, Haushaltsschere, Blumenschere

1

2

3

4

5

6

Ohrwurmglocken basteln

Der »Gemeine Ohrwurm« ist ein etwa 1,5 cm langes, schmales, leicht abgeflachtes Insekt, mit deutlich ausgeprägten Zangen am Hinterleib. Diese benutzt er aber nicht zum Beutefang, sondern zum Festhalten bei der Paarung und als Hilfsmittel beim Entfalten der Hinterflügel.

Um den Ohrwurm ranken sich unheimliche Geschichten: Er soll in die Ohren von auf dem Boden liegenden Menschen kriechen, deren Trommelfell zerschneiden und im Gehirn Eier ablegen.

In Wahrheit ist das nur ein sich hartnäckig haltendes Gerücht. Der Name Ohrwurm leitet sich wohl eher von seiner früheren, medizinischen Bedeutung ab. Bis vor ca. 100 Jahren wurden tote Ohrwürmer, zerstampft und zerrieben, als Mittel gegen Ohrenkrankheiten und Taubheit angewendet.

Inzwischen hat man längst erkannt, dass Ohrwürmer nützliche Gartenhelfer sind. Die dämmerungs- und nachtaktiven Tiere verspeisen mit großem Appetit Pflanzenschädlinge wie Blattläuse und Spinnmilben. Trifft ein erwachsener Ohrwurm auf eine Blattlauskolonie, frisst er 50 bis 120 Blattläuse pro Nacht. Darum freuen wir uns, wenn wir ihn im Garten antreffen. Allerdings gehören die Ohrkneifer zu den Mischköstlern. Sind nicht genügend Beutetiere da, nehmen sie auch gerne zarte Pflanzenteile, wie Blüten, junge Blätter oder reife Früchte zu sich. Tagsüber verstecken sich die Tiere dort, wo es kühl und dunkel ist.
Mit den Ohrwurmglocken bieten Sie den Ohrwürmern ein Tagversteck an. Hier sammeln sie sich, gern auch in größerer Gesellschaft. Ein Ohrwurmquartier gibt Ihnen die Möglichkeit, Ohrwürmer direkt dorthin umzusiedeln, wo Sie Probleme mit Blattläusen haben.

Übrigens: Im Winter nutzen Ohrwürmer die Ohrwurmglocken nicht. Im Herbst graben sie sich in den Boden, überwintern dort und legen in diese Überwinterungsröhren im Frühjahr auch ihre Eier ab. Holen Sie die Ohrwurmglocken daher am Jahresende herein und hängen Sie sie im Frühjahr, mit frischem Stroh gefüllt wieder raus.

So wird's gemacht:

1 Hier ist ein Ohrwurm zu sehen, der sich im Garten im Moos versteckt hatte. Die gebogenen Zangen verraten, dass es sich um ein Männchen handelt. Die Zangen der Weibchen sind gerade.

2 Als Ohrwurmquartier dient ein Blumentopf aus Ton mit einem Durchmesser von 11 bis 12 cm. Mit einer wasserfesten Farbe wird er zunächst von außen angemalt. Ist die Farbe getrocknet, wird der Rand auch von innen angestrichen. Wer mag, kann auf die trockene Grundfarbe noch ein Muster auftragen.

3 Der Topf wird mit Stroh gefüllt und mit einer Aufhängung versehen. Dazu wird ein 50 bis 60 cm langer Draht abgeschnitten und auf der Hälfte umgeknickt. Schieben Sie den doppelt gelegten Draht von außen durch das Loch im Topfboden.

4 Biegen Sie die Drahtschlaufe auseinander, legen Sie ein Bündel Stroh hinein und ziehen Sie die Schlinge wieder zu. Der Topf sollte nicht prall gefüllt sein. Die Ohrwürmer wollen sich darin bewegen können.

5 Schon geschafft! Die Ohrwurmglocke ist fertig. Mit dem Draht kann sie jetzt z. B. in einem Baum aufgehängt werden.

6 Achten Sie darauf, dass der Topf den Stamm oder einen Ast berührt, damit die Ohrwürmer von unten hineinkrabbeln können.

AUF EINEN BLICK

Guter Zeitpunkt: Juni bis Juli, wenn die erwachsenen Ohrwürmer auftreten

Zeitbedarf: 30 bis 45 Minuten

Schwierigkeitsgrad: leicht

Material und Werkzeug: pro Stück ein Tontopf, ein 60 cm langes Stück Draht, 1 Handvoll Stroh oder Holzwolle

1

2

3

4

5

6

Lavendelstäbe flechten

Lavendel steht wie keine andere Pflanze für Sommer und Lebensfreude. Sie versetzt uns in Urlaubsstimmung und lässt uns an den sonnigen Süden denken.

Im Garten ist der Lavendel eine beliebte Zierpflanze und wird oft zusammen mit Rosen gepflanzt. In Töpfen auf der Terrasse vertreibt er durch seinen Duft lästige Mücken. In Südfrankreich wird Lavendel auf Feldern als Nutzpflanze angebaut, aus der Lavendelöl gewonnen wird.

Der Echte Lavendel *(Lanvandula angustifolia)* übersteht die winterlichen Temperaturen bei uns meistens ohne Schaden. Schneiden Sie ihn nach der Blüte gerade bis ins Laub zurück, im Frühjahr dann noch einmal etwas kräftiger. So bleibt die Pflanze schön kompakt. Schopflavendel *(Lavandula stoechas)* ist dagegen nicht winterhart und muss jedes Jahr neu gepflanzt werden. Der herbe, aromatische Duft des Lavendels hat eine entspannende Wirkung. Sie können ihn als Tee genießen oder einen Badezusatz daraus herstellen. Mit getrockneten Lavendelblüten werden gern Duftsäckchen gefüllt, die im Wäscheschrank für Frische sorgen und zudem Kleidermotten vertreiben sollen.

Eine Art Duftsäckchen sind auch die geflochtenen Lavendelstäbe. Sie brauchen allerdings etwas Geduld und Geschick für das Anfertigen dieser Duftsträuße. Kinder im Alter ab 7 oder 8 Jahren können dabei schon mitmachen.

So wird's gemacht:

1 Schneiden Sie einen Strauß langer Lavendelblütenstile, am besten, wenn die Pflanze in voller Blüte steht. Vorher sind die Stiele zu weich, später werden sie brüchig. Schneiden Sie die Stiele an einem sonnigen Tag. Sie sollten möglichst trocken sein. Streifen Sie die Blätter von den Stielen ab.

2 Um durchgängig flechten zu können, benötigen Sie eine ungerade Anzahl an Stielen. Wenn Sie – wie auf den Bildern – immer zwei Stiele zusammenfassen, muss die Anzahl, geteilt durch zwei, eine ungerade Zahl ergeben. Unsere Stäbe bestehen aus 18 Blütenstielen. Binden Sie den Strauß unterhalb der Blütenrispen mit einem 1,5 m langen Satinband fest zusammen. Dabei sollen ein kurzes (etwa 40 cm) und ein langes Ende entstehen.

3 Drehen Sie den Strauß um und biegen Sie die Blütenstiele vorsichtig unterhalb der Bindung über die Blüten. Verteilen Sie die Stiele gleichmäßig über den Blütenrispen. Das kurze Band liegt innen, das lange außen.

4 Beginnen Sie an der Spitze des Stabes mit dem Flechten. Führen Sie das Band abwechselnd unter und über jeweils zwei Blütenstielen entlang. In der zweiten Runde sollte das Band genau gegensätzlich laufen: dort, wo es in der ersten Runde oberhalb der Stiele liegt, wird es jetzt unterhalb hindurchgeführt. Das ergibt sich automatisch durch die ungerade Anzahl.

5 Die ersten Runden sind etwas knifflig, aber dann wird es einfacher. Ziehen Sie das Band immer wieder fest. Sind alle Blütenrispen umflochten, ziehen Sie das kurze Band aus der Mitte. Umwickeln Sie den Stab unterhalb der Blüten noch einmal und binden Sie die Enden zu einer Schleife zusammen.

6 Am besten gefallen uns die Lavendelstäbe mit dem weißen Band. Übrigens können Sie den Duft nach einer Weile mit einigen Tröpfen Lavendelöl wieder auffrischen.

AUF EINEN BLICK

Guter Zeitpunkt: Juli und August

Zeitbedarf: 30 bis 60 Minuten

Schwierigkeitsgrad: mittel

Material und Werkzeug: Lavendelblütenstiele, Schere, Satinband 0,5 bis 1 cm breit

1

2

3

4

5

6

Duftgeranien vermehren

Duftgeranien gehören zur gleichen Gattung wie die Balkongeranien. Sie haben unscheinbarere Blüten, dafür aber oft interessante Blattformen und -farben. Vor allen Dingen ist es aber ihr besonderer Duft, der sie für uns so attraktiv macht. Die behaarten Blätter der Pflanzen enthalten ätherische Öle, die bei Berührung und leichtem Reiben freigesetzt werden. Neben verschiedenen Zitrus-, Rosen- und Pfefferminzdüften gibt es auch Duftgeranien, die nach bestimmten Gewürzen duften. Meine neueste Errungenschaft ist eine Geranie mit Cola-Duft. Man bekommt Duftgeranien oft auf Pflanzenmärkten oder auch in bestimmten Versandgärtnereien (Bezugsquelle: siehe Seite 124).

Duftgeranien mögen, wie Balkongeranien, einen vollsonnigen Standort. Pflanzen Sie sie dort, wo Sie sich häufig aufhalten, z.B. an einem beliebten Sitz- oder Spielplatz im Garten oder in der Nähe des Sandkastens. So können Sie und Ihre Kinder den Duft quasi im Vorbeigehen wahrnehmen. Geranien sind allerdings nicht frosthart und müssen im Winter an einem kühlen und hellen Platz im Haus stehen.

Duftgeranien lassen sich sehr einfach durch Stecklinge vermehren. Wenn Sie gleich mehrere Pflänzchen heranziehen, haben Sie immer ein begehrtes Mitbringsel zur Hand.

So wird's gemacht:

1 Duftgeranien mit großen, weichen Blättern riechen meistens nach Pfefferminz. Sie lassen sich, genauso leicht wie die Zitronengeranien auf den folgenden Bildern, durch Stecklinge vermehren. Die Wurzelbildung erfolgt am schnellsten in der Wachstumsperiode der Pflanzen, also von Mitte März bis Ende August.

2 Kleine Töpfchen von etwa 7 bis 9 cm Durchmesser werden mit Vermehrungserde gefüllt. Diese ist nährstoffarm und förderlich für die Wurzelbildung. Drücken Sie die Erde leicht an und überbrausen Sie die Töpfe mit einer Gießkanne mit Brausekopf.

3 Schneiden Sie etwa 5 cm lange Triebspitzen von der Mutterpflanze ab. Setzen Sie den Schnitt direkt unter einem Blattknoten an. An dieser Stelle schließt sich die Wunde schnell und es bildet sich teilungsfähiges Gewebe, aus dem die Wurzeln entstehen.

4 Zwei bis drei dieser sogenannten Kopfstecklinge werden jetzt in jedes Töpfchen gesteckt. Achten Sie beim Stecken darauf, dass der Vegetationspunkt – die Stelle, aus der die neuen Blättchen austreiben – über der Erde bleibt.

5 Mit einem Pflanzensprüher oder einer Ballbrause (siehe auch Seite 12) werden die Stecklinge nun mit Wasser besprüht. Bis zur Bewurzelung brauchen sie eine hohe Luftfeuchtigkeit. Diese stellen Sie her, indem Sie die Töpfchen mit einem transparenten Folienbeutel überziehen oder sie in ein Minigewächshaus stellen. Lüften Sie das Gewächshaus täglich und besprühen Sie die Stecklinge hin und wieder mit Wasser.

6 Nach sechs Wochen haben sich feine Wurzeln gebildet, die Sie sehen, wenn Sie die Pflanze vorsichtig aus dem Topf nehmen. Von nun an ist die hohe Luftfeuchtigkeit nicht mehr notwendig und das Dach des Minigewächshauses bleibt geöffnet. Der Steckling beginnt bald, auch oberirdisch zu wachsen. Nach weiteren drei bis vier Wochen setzen Sie die Pflanze in einen größeren Topf mit nährstoffreicher Blumenerde um.

AUF EINEN BLICK

Guter Zeitpunkt: Mitte März bis Ende August

Zeitbedarf: ca. 30 Minuten

Schwierigkeitsgrad: mittel

Material und Werkzeug: Mutterpflanze, Gartenschere, Vermehrungserde, Minigewächshaus oder transparenter Folienbeutel, Pflanzensprüher, kleine Gießkanne

1

2

3

4

5

6

Ein Insektenhotel bauen

Bietet man Insekten einen Unterschlupf an, sollte man auch für geeignete Nahrungspflanzen sorgen. Ungefüllt blühende Sträucher und Stauden liefern Nektar und Pollen. In gefüllten Blüten gibt es keine Staubgefäße.

Ein Insektenhotel ist eine Nisthilfe für einzeln lebende Wildbienen und -wespen, die einen großen Beitrag zur Bestäubung von Gemüse- und Obstblüten leisten. Der Bestand der Honigbienen, die in einem durchorganisierten Sozialstaat leben, ist rückläufig. So bekommen die Solitärbienen und -wespen eine zunehmend höhere Bedeutung. Viele Arten dieser nützlichen Bestäuber sind vom Aussterben bedroht. Es fehlt an Nahrung und geeigneten Brutstätten. Mit der modernen Landwirtschaft und in den vielfach eintönigen Gärten gibt es kaum noch einen natürlichen Lebensraum für die Insekten. Unser Insektenhotel bietet zudem Unterschlupf- und Überwinterungsmöglichkeiten für Schmetterlinge und verschiedene Nützlinge wie Marienkäfer und Florfliegen (mehr dazu auf den Seiten 66 bis 67).

AUF EINEN BLICK

Guter Zeitpunkt: ganzjährig möglich

Zeitbedarf: ein Wochenende

Schwierigkeitsgrad: mittel

Material und Werkzeug: 1 Holzkiste, Leimholzbretter, Quadratleiste, Rest Sperrholz, Rest Kaninchendraht, Lochziegel, Hartholzstücke, Bambusstäbe, Ruten aus weichem Holz (wie Holunder, Hasel, Weide), Zapfen von Nadelbäumen, Schrauben, Nägel, Raspel, Hammer, Akkuschrauber und -bohrer, Handtacker, Stichsäge

So wird's gemacht:

1 Die Form und Größe eines Insektenhotels können Sie ganz frei wählen. Wir haben in einer Holzkiste, mit Material aus dem Baumarkt und dem Garten, verschiedene »Zimmer« eingerichtet, in denen sich die unterschiedlichsten Insekten einnisten können. Diese Nisthilfe ist einfach nachzubauen.
Sie benötigen: 1 Allzweckkiste aus Holz 40 × 30 × 15 cm; für die Gefache 1,8 cm dickes Fichtenleimholz: 2 Stück 12,5 × 27,7 cm, 2 Stück 12,5 × 9,4 cm, 1 Stück 18 × 34 cm; Rest 9 mm dickes Sperrholz 11 × 13 cm, 1 Quadratleiste 1 cm dick und 34 cm lang; Rest Kaninchendraht; 3 Universalschrauben 5,0 × 50 mm; 12 Universalschrauben 4,5 × 30 mm, kurze Stahlnägel; 1 Lochziegel 240 × 115 × 113 mm, Hartholzstücke, Bambusstäbe, Ruten aus weichem Holz wie Holunder, Hasel, Weide, Zapfen von Nadelbäumen.

2 Bevor sich ein Lochziegel als Nisthilfe eignet, muss er etwas bearbeitet werden. Die Löcher sind vielfach zu groß und zu scharfkantig. Entgraten Sie die Löcher daher zuerst einmal. Mit einer groben Raspel aus dem Werkzeugkasten ist das schnell und einfach gemacht.

3 Um die Löcher zu verkleinern, werden sie dann mit einem Lehmbrei verfüllt. Für den Brei geben Sie Lehm aus dem Garten in einen kleinen Eimer, gießen etwas Wasser darauf und verrühren das Ganze mit einem Holzstab zu einer geschmeidigen Masse. Sie sollte etwa die Konsistenz eines Rührteiges haben. Streichen Sie den Brei in die Löcher des Ziegels und stopfen Sie mit den Fingern immer etwas nach, sodass keine Hohlräume entstehen. Nach wenigen Stunden ist der Lehm angetrocknet, aber noch formbar. Mithilfe eines dünnen Bambusstabes werden jetzt wieder kleinere Löcher in den Lehm gebohrt. Alternativ zum Lehm kann man die großen Löcher auch mit hohlen Stängeln (Gräser, Stauden) ausfüllen.

4 Ist der Lehm, etwa nach einem Tag, gut durchgetrocknet, kann man den Lochziegel in das Insektenhotel einbauen. Legen Sie den Ziegel in die Holzkiste und setzen Sie darauf den ersten Zwischenboden aus Leimholz passgenau ein. Der Boden wird mit vier kurzen Schrauben von außen in der Kiste befestigt. Richten Sie den Ziegel in der Mitte des Faches aus. Die rechts und links entstehenden Hohlräume werden mit kurzen Stängeln, z. B. Bambusstäben, Sommerflieder, Holunder-, Weiden- oder Haselruten, ausgefüllt.

5 In der mittleren Etage sollen drei »Zimmer« entstehen. Befestigen Sie die Zwischenwände dafür aufrecht auf dem zweiten Zwischenboden mit jeweils zwei kurzen Schrauben. Richten Sie den Abstand der Wände auf das Maß der kleinen Sperrholzplatte aus. Diese wird später aufgenagelt und soll das mittlere Fach genau abdecken. Den Zwischenboden mit den Seitenwänden schieben Sie jetzt in die Kiste und befestigen ihn auch wieder mit vier kurzen Schrauben. Geben Sie Ihrem Kind ruhig auch einmal den Schrauber in die Hand. Als kleine Hilfestellung können Sie die Schrauben vorher an der richtigen Stelle schon etwas eindrehen.

6 Das Grundgerüst ist nun fertig. Alle Fächer werden jetzt mit verschiedenen Materialien ausgefüllt. Die kleinen Fächer rechts und links in der mittleren Etage werden mit Hartholzabschnitten bestückt. In diese wurden im Vorfeld mit einem Bohrer Löcher gebohrt, die später als Brutröhren dienen. Stellen Sie die Harthölzer aufrecht in die Fächer. Sie sollen in der Länge ungefähr mit der Kastenseitenwand abschließen.

7 Die Hartholzabschnitte müssen fest in den Fächern sitzen, damit sie beim Aufrechtstellen des Hauses nicht herausfallen können. Setzen Sie darum in die Hohlräume zwischen den Hölzern noch einmal dünnere »Röhren« ein. Die stabilen Abschnitte eines Bambusstabes kann man mit einem Hammer fest einschlagen, sodass die Hohlräume ausgefüllt werden und die Hölzer fest verkantet sind.

8 Die obere Etage des Insektenhotels wird zu einer Großraumwohnung für Nützlinge. Florfliegen und Marienkäfer können dieses Hotelzimmer als Unterschlupf und Überwinterungsquartier nutzen. Der gesamte Raum wird mit Zapfen von Nadelbäumen ausgefüllt. Die Zapfen finden Sie im Garten oder auf einem Waldspaziergang. Bringen Sie genügend Zapfen mit. Man benötigt für das obere Fach etwa einen 5-Liter-Eimer voll.

9 Auch die Zapfen müssen vor dem Herausfallen gesichert werden. Verschließen Sie das oberste Stockwerk daher mit einem feinmaschigen Kaninchendraht. Dieser wird in Gefachgröße zugeschnitten und rundherum mit einem Handtacker befestigt.

10 Jetzt wird das noch freie »Zimmer« in der Mitte des Insektenhotels hergerichtet. Der Innenraum bleibt frei. Das Fach wird lediglich mit einer Spezialeingangstür versehen. In die Mitte der kleinen Sperrholzplatte wird ein knapp 1 cm breiter Längsschlitz eingearbeitet. Bohren Sie oben und unten ein Loch mit einem 8-mm-Holzbohrer in das Brettchen. Mithilfe einer Stichsäge verbinden Sie beide Löcher zu einem Schlitz. So entsteht ein maßgeschneiderter Eingang für Schmetterlinge, die hier Unterschlupf finden können.

11 Nun bekommt das Insektenhotel ein schützendes Dach. Dieses hat einen Überstand und wird leicht nach vorne abgeschrägt angebracht. So sind die Fächer etwas vor Regenwasser geschützt. Damit das Dach ein Gefälle bekommt, von dem der Regen ablaufen kann, nageln Sie auf der hinteren Längsseite des Dachbrettes eine Quadratleiste mit 1 cm Kantenlänge auf.

12 Mit drei langen Universalschrauben ist das Dach schnell befestigt. Die Schrauben müssen allerdings exakt sitzen. Alle drei Schrauben werden von oben eingesetzt. Die erste soll durch das Dachbrett und die aufgenagelte Leiste in die Rückwand der Kiste führen. Die Schrauben zwei und drei werden durch das Dach vorne in die Seitenwände gesetzt. Da Rückwand und Seitenwände nur dünn sind, muss man sehr genau messen und schauen, dass man diese mit der Schraube trifft.

Das fertige Insektenhotel wird an einem sonnigen Platz im Garten aufgehängt oder -gestellt, wo es das ganze Jahr über stehen bleibt. Richten Sie die Vorderseite nach Süden oder Südosten aus, damit es nicht hineinregnet.

Wer wohnt denn da?

Der Gedanke an Insekten verursacht bei vielen Menschen zuerst einmal unangenehme Gefühle. Man denkt an Plagegeister, die lästig sind und zudem auch noch stechen. Diese Ängste sind aber unbegründet. Die Bewohner unseres Insektenhotels haben eine faszinierende Lebensweise und sind für uns Menschen ausgesprochen nützlich. Solitärbienen spielen eine wichtige Rolle bei der Blütenbestäubung, andere Insekten arbeiten als biologische Schädlingsbekämpfer, die eine Menge Blattläuse und andere Schädlinge effektiv vernichten. Solitärbienen und Solitärwespen haben natürlich auch einen Stachel. Aber keine Sorge: Dieser ist so schwach, dass er die menschliche Haut nicht durchdringen kann. Ein Insektenhotel können Sie zur besseren Beobachtung auch in Sitzplatznähe anbringen, ohne sich oder Ihre Kinder einer Gefahr auszusetzen.

Schmetterlinge nutzen das Insektenhotel gerne als Unterschlupf an Regentagen. Für sie ist das Gefach mit dem lang geschlitzten Eingang gedacht. Einige Schmetterlinge, die als Falter überwintern, nutzen es auch als Winterquartier. Der hier abgebildete Distelfalter gehört allerdings zu den Wanderschmetterlingen, die in südlichen Gefilden überwintern.

1 Hier können Sie erkennen, dass das Insektenhotel bereits bewohnt ist. Eine Mauerbiene hat im Frühling die Brutröhre nach außen verschlossen.

2 Im Inneren der Brutröhren hat die Mauerbiene Brutkammern gebaut. Ist die Rückwand fertig, wird die Kammer zur Hälfte mit Nektar und Pollen gefüllt – Nahrungsvorrat für die schlüpfenden Larven. Davor legt die Biene ein Ei und verschließt die Zelle. Weitere Brutkammern werden angelegt, bis die Röhre belegt ist. Aus den Eiern schlüpfen Larven, die sich bis zum Herbst langsam in eine Biene verwandeln. Über Winter bleiben die Bienen noch in ihrem Nest.

3 Im Frühjahr schlüpfen die Mauerbienen (hier *Osmia bicornis*, die Rote Mauerbiene) aus den Brutröhren und machen sich wiederum auf die Suche nach einem geeigneten Nistplatz.

4 Grabwespen ziehen ihre Brut in markhaltigen Pflanzenstängeln auf. Sie versorgen die Larven mit Blattläusen und ernähren sich selbst von Nektar und Pollen. Grabwespen sind somit als Bestäuber und Schädlingsvertilger unterwegs.

5 Florfliegen sind auch unter dem Namen »Goldauge« bekannt. Die erwachsenen Tiere sind zunächst hellgrün, im Spätherbst dann gelblich bis bräunlich gefärbt. Als Winterquartier suchen die Tiere oft ungeheizte Zimmer oder Dachböden auf. Erwachsene Florfliegen ernähren sich von Nektar, Honigtau und Pollen. Die Weibchen legen etwa 400 Eier. Die gefräßigen Larven werden »Blattlauslöwen« genannt. Sie haben zangenförmige Kiefern, mit denen sie ihre Beutetiere festhalten und ihnen ein giftiges Sekret einspritzen, das die Läuse zunächst lähmt und dann ihr Inneres auflöst. Anschließend wird der Saft ausgesaugt.

6 Der Siebenpunkt-Marienkäfer – hier zusammen mit einem asiatischen Marienkäfer – ist der bekannteste Nützling. Die Anzahl der Punkte auf den Flügeldecken gibt aber nicht das Alter der Käfer an, sondern ist eine artspezifische Körperzeichnung. Käfer und Larven ernähren sich von Blattläusen. Ein einziger Käfer frisst bis zu 150 Blattläuse pro Tag, eine Käferlarve vertilgt während ihrer Entwicklung etwa 800 Beutetiere. Asiatische Marienkäfer haben noch größeren Appetit und vermehren sich schneller als die heimischen Kollegen, die sie dadurch zurückdrängen.

1

2

3

4

5

6

Herbst

Wenn sich das Laub der Bäume bunt färbt, ist es offensichtlich: Der Herbst hat Einzug gehalten. An sonnigen Tagen raschelt das Laub unter unseren Füßen. Tanken Sie Licht an solchen Tagen und sammeln Sie auf einem Spaziergang die schönsten Blätter, Früchte und Samen ein. Es lassen sich wahre Schmuckstücke damit basteln.

Samen ernten

Ist es nicht erstaunlich? Selbst die größten Bäume dieser Erde sind einst aus einem kleinen Samenkorn hervorgegangen. Dieses Wunder des Lebens, die Entwicklung einer fertigen Pflanze aus einem Samen, können Sie mit Ihren Kindern auch im eigenen Garten oder bei der Anzucht auf der Fensterbank beobachten. Von vielen Pflanzen, die Sie im Frühjahr ausgesät haben, können Sie im Spätsommer oder im Herbst Samen nehmen und diesen im kommenden Frühjahr wieder aussäen. Unter Beachtung einiger einfacher Regeln ist es bei vielen einjährigen Blumen-, Kräuter- und Gemüsearten ganz leicht, selbst für den Nachwuchs zu sorgen.

Samen erntet man immer von gesunden, kräftigen und besonders schönen Pflanzen. Interessant ist es auch, Pflanzen, die man normalerweise schon lange vor der Blütenbildung erntet, wie z. B. Salat, einmal bis zur Samenreife stehen zu lassen.

Zu beachten ist der richtige Erntezeitpunkt. Die Samen sollten so lange wie möglich an der Pflanze ausreifen. Sie erkennen die Samenreife daran, dass sich die Samenhüllen öffnen und braun werden. Schneiden Sie bei trockenem und sonnigem Wetter die Samenstände ab und legen Sie diese zum Nachtrocknen auf Küchenpapier in eine Schüssel oder auf einen Teller. Vollständig trockene Samen werden dann aus ihren Hüllen herausgebröselt oder -geschüttelt. Abgepackt in kleine Schraubgläser oder in Tüten, sind die Samen bei fachgerechter Lagerung etwa drei Jahre keimfähig. Samen vertragen keine hohe Luftfeuchtigkeit und sollten bei einer Temperatur unter 18 °C gelagert werden.

Sie können allerdings nicht von allen Pflanzen Samen ernten. Beispielsweise bilden gefüllte Blüten oft gar keine Samen aus. Die Geschlechtsorgane dieser Blüten (Stempel und Staubblätter) sind zu Blütenblättern umgewandelt. Von wenig Erfolg gekrönt ist die Aussaat der Samen von F1- Hybriden. Diese Pflanzen haben zwar viele besonders gute Eigenschaften, diese bleiben jedoch in der Folgegeneration nicht erhalten. F1-Saatgut muss daher immer wieder nachgekauft werden. Ob es sich um F1-Saatgut handelt oder nicht, ist auf der Samentüte vermerkt.

So wird's gemacht:

1 Möchten Sie die Samen von Sonnenblumen ernten, müssen Sie aufpassen, dass die Vögel im Garten Ihnen nicht zuvorkommen. Sobald die Sonnenblume zu welken beginnt und den Kopf hängen lässt, schützen Sie diesen mit einem Netz. Ein Orangen-, Zitronen- oder Zwiebelnetz ist dafür gut geeignet.

2 Sind die Samen reif, schneiden Sie den gesamten Sonnenblumenkopf ab. Jetzt können die einzelnen Samen aus der Blütenmitte herausgezupft werden. Sonnenblumensamen sind vielseitig verwendbar. Man kann sie essen, dafür muss aber noch die Samenhülle entfernt werden. Sie können die Samen trocken aufbewahren und im Frühjahr wieder aussäen oder Sie verwenden sie im Winter als Vogelfutter, z. B. für die Futteranhänger, deren Herstellung auf Seite 114 beschrieben ist.

3 Hülsenfrüchte, wie Erbsen und Bohnen, sind Selbstbefruchter. Daher sind die Nachkommen den Eltern in der Regel sehr ähnlich, so dass sich die eigene Ernte auf jeden Fall lohnt. In diesen Erbsenhülsen kann man die Samen schon erkennen. Sie müssen jedoch so lange an der Mutterpflanze verbleiben, bis die Hülsen trocken und gelb sind.

4 Bohnensamen wachsen wie Erbsen in Hülsen und müssen bis zur Samenreife an der Pflanze bleiben. In einer schön gestalteten Tüte kann Ihr Kind die Samen aufheben und im nächsten Jahr wieder für ein Tipi (siehe Seite 34) aussäen.

5 Die Mohnsamen sind reif, wenn sich die Kapsel rundherum unter dem »Krönchen« öffnet. Die Samen können dann aus den Löchern geschüttelt werden.

6 Ringelblumensamen schneidet man ab, sobald sie reif und trocken aussehen. Schaut man sich die relativ großen Samen einmal genau an, kann man nachvollziehen, woher die Pflanze ihren Namen hat: von ihren ringelförmigen Samen. Ringelblumenblüten sind essbar.

1

2

3

4

5

6

Naturperlenketten basteln

Mitte September macht sich der Herbst in Parks und Wäldern bemerkbar. Die Kastanien, Bucheckern und Eicheln sind reif und fallen auf den Boden. Bei wem erwacht da nicht die Sammelleidenschaft? Greifen Sie zu und stopfen Sie sich die Jackentaschen voll! Man kann herrliche Naturperlenketten und Girlanden daraus basteln. Aus den gröberen Materialien wie Kastanien, Eicheln, Hagebutten, kleinen Zapfen und den Fruchtbechern von Bucheckern haben wir Girlanden fürs Fenster gebastelt. Kleinere Samen und Kerne haben wir zu Halsketten und Armbändern aufgefädelt. Dafür eignen sich besonders gut Apfelkerne, Bucheckern, Kürbiskerne und die kleinen Becher, in denen die Eicheln heranwachsen. Ergänzen Sie das Bastelmaterial für die Halsketten mit Strohhalmen, die Sie in ca. 1,5 cm lange Abschnitte schneiden. TIPP: Apfelkerne zu sammeln erfordert Geduld. Denken Sie z. B. bei der Apfelmuszubereitung daran, die Kerne aufzuheben.

So wird's gemacht:

1 Für die Naturperlenketten sammeln Sie im Vorfeld viele verschiedene Samen, Kerne und Früchte. Sie brauchen darüber hinaus Verschlüsse, ein Tütchen Quetschperlen und einen dünnen Perlonfaden. Dieses Material bekommen Sie in gut sortierten Bastelgeschäften. An Werkzeug benötigen Sie Nähnadeln, einen Fingerhut, eine Schere, eine Kneifzange und einen Hand- oder einen Akkubohrer.

2 Breiten Sie das Bastelmaterial auf einem großen Tisch aus und animieren Sie die Kinder erst einmal, sich die verschiedenen Früchte anzuschauen. Lassen Sie sie eine »Musterkette« auf den Tisch legen, bevor sie mit dem Auffädeln beginnen. So kann man die »Naturperlen« leicht verschieben und tauschen, bis man die ideale Reihenfolge gefunden hat.

3 Für eine Halskette oder ein Armband wird zuerst ein Verschluss an dem Perlonfaden angebracht. Fädeln Sie eine Quetschperle auf, dann eine Hälfte des Verschlusses. Führen Sie den Faden wieder zurück durch die Quetschperle. Nahe am Verschluss wird die Perle mit einer Kneifzange zusammengequetscht und das überstehende Fadenende abgeschnitten.

4 Jetzt kann's losgehen. Kern für Kern, Samen für Samen werden mit einer Nadel durchstochen und aufgefädelt. Hilfreich ist dabei ein Fingerhut, mit dem man die Nadel durch den harten Kern schieben kann, ohne sich dabei zu verletzen. Übrigens: Je frischer die Kerne, desto weicher und leichter zu durchbohren.

5 Ist die Kette lang genug – hier wird Maß genommen –, wird die zweite Hälfte des Verschlusses angebracht. Dazu gehen Sie genauso vor wie am Anfang mit der ersten Verschlusshälfte (siehe Punkt 3). Für die Girlanden brauchen Sie keine besonderen Verschlüsse. Knoten Sie einfach eine Kastanie oder eine Eichel an den Faden und ziehen Sie dann die einzelnen »Naturperlen« auf. Kastanien und die Fruchtbecher der Buche sind sehr hart und müssen mit einem dünnen Hand- oder Akkubohrer vorgebohrt werden. Frische Eicheln lassen sich noch mit einer Nadel, unter Zuhilfenahme eines Fingerhutes, durchstechen. Ziehen Sie die Nadel eventuell mit der Kneifzange wieder aus der Eichel heraus. Zum Aufhängen knoten Sie eine Schlaufe in das obere Fadenende.

6 Armbänder, Halsketten und Girlanden: Hier sind die schönen Ergebnisse unseres Bastelnachmittags aufgereiht.

AUF EINEN BLICK

Guter Zeitpunkt: Mitte bis Ende September

Zeitbedarf: 1 bis 2 Stunden

Schwierigkeitsgrad: mittel

Material und Werkzeug: Samen, Kerne und Früchte, Verschlüsse, Perlonfaden, Schere, Nadel, Fingerhut, Kneifzange, Hand- oder Akkubohrer

1

2

3

4

5

6

Einen Miniaturgarten anlegen

Ein Bauerngarten nach klassischem Vorbild: ein Wegekreuz, vier Beete, mit Buchsbaum eingefasst, und in der Mitte eine blühende Strauchrose. Die Gartenbank stammt aus der Spielzeugkiste.

In einer großen, flachen Pflanzschale kann man wunderbar Landschaften im Miniaturformat nachahmen. Ob man einen Tiergarten, eine Teichlandschaft oder den eigenen Garten nachbauen will – der Fantasie sind keine Grenzen gesetzt. Im Gartencenter gibt es meistens einen Tisch mit Minipflanzen, die sich sehr gut für die Gestaltung einer Landschaft eignen. Rasenflächen kann man aussäen, z.B. mit dem schnell wachsenden Ziervogelgras. Mähen Sie den Rasen dann bei Bedarf mit einer Nagelschere.

Wir haben uns in unserem Beispiel für einen traditionellen Bauerngarten im Kleinformat entschieden. Er soll so aussehen wie ein Garten im Freilichtmuseum: mit buchsbaumumsäumten Beeten, auf denen Blumen, Kräuter, Gemüse und Obststräucher wachsen. Im ersten »Bauabschnitt« wurden mit Kressesamen die »Buchsbaumhecken« angelegt. Vier bis fünf Tage später können die Beete bepflanzt werden.

AUF EINEN BLICK

Guter Zeitpunkt: im Zimmer ganzjährig möglich

Zeitbedarf: zweimal 30 bis 45 Minuten

Schwierigkeitsgrad: mittel

Material und Werkzeug: flache Pflanzschale 40 × 40 cm, Stück Folie, Blähton oder Kies, Blumenerde, Kressesamen, verschiedene Minipflanzen, Schaschlikspieße und Wegesplitt, Accessoires aus der Spielzeugkiste zur Dekoration

So wird's gemacht:

1 Für den ersten Bauabschnitt des Bauerngärtchens brauchen Sie eine große, flache Pflanzschale, Blähton oder Kies, Blumenerde, Schaschlikspieße und Kressesamen. Hat die Pflanzschale ein Abzugsloch, soll aber im Zimmer stehen, brauchen Sie noch ein Stück Folie. Kleiden Sie die Schale damit aus, damit kein Gießwasser herauslaufen kann. Geben Sie eine 3 bis 4 cm dicke Schicht Blähton in das Gefäß. Fügen Sie dann so viel Erde hinzu, dass die Schale bis etwa 1 cm unter den Rand gefüllt ist. Streichen Sie die Erde glatt und drücken Sie sie leicht an.

2 Mit den Schaschlikspießen markieren Sie das Wegekreuz. Rechts und links der Wege werden jetzt Kressesamen ausgebracht. Sieben Sie eine dünne Schicht Erde über die Samenkörner und gießen Sie die Aussaat vorsichtig an. Damit die Körner nicht abschwemmen, nehmen Sie eine Gießkanne mit einer feinen Brause. Kresse keimt schon nach wenigen Tagen. Mit ihren kleinen Blättchen symbolisiert sie die traditionellen Buchsbaumeinfassungen eines Bauerngartens.

3 Bis die Kressesaat aufgegangen ist, können Sie schon einmal im Gartencenter auf dem Minipflanzentisch stöbern. Sie brauchen Pflänzchen, die Bäume symbolisieren, solche, die an Sträucher erinnern, und kleine Ableger, z. B. von Hauswurz, die mit etwas Fantasie aussehen wie Salat- oder Kohlköpfe. Ihre Kinder werden großen Spaß bei der Auswahl der Pflanzen haben. Nach etwa vier bis fünf Tagen sieht die Kresse wie eine perfekte Buchsbaumeinfassung aus. Kresse hat aber auch den Nachteil, dass sie schon nach kurzer Zeit lang wird und geschnitten werden muss. Wer das nicht möchte, kann die Kresse eventuell durch ein Moos ersetzen.

4 Jetzt werden die Beete bepflanzt. Dazu werden die Pflanzen erst einmal ausgetopft und im Minigarten aufgestellt. Arrangieren Sie die Pflanzen so, dass sich ein harmonisches Bild ergibt. Am schnellsten kommen Sie dabei zu einem guten Ergebnis, wenn Sie sich vom »Großen« zum »Kleinen« vorarbeiten. Beginnen Sie also mit den Bäumen. Unsere Bäume, zwei kleine Fiederaralien, sehen aus wie Kugelbäume. Wir haben sie rechts und links vom Eingang gesetzt. Die nächstgrößeren Pflanzen sind die Sträucher. Wir haben dafür ein Exemplar der Zimmerpflanze *Syngonium* (Purpurtute) und einen Farn ausgewählt. Hinten rechts und links in den Ecken des Gartens bilden sie einen schönen Hintergrund für die Blumenbeete und das Gemüse. Vor dem Farn bleibt Platz für eine einladende Gartenbank aus der Playmobil-Kiste. Nachdem die Strukturpflanzen ihren Platz bekommen haben, sind die Blumen und das Gemüse an der Reihe. Mauerpfeffer und Hauswurzarten eignen sich hier besonders. Sie haben dicke, fleischige Triebe bzw. Rosetten in verschiedenen Rot-, Grün- und Grautönen. Teilt man die Pflänzchen vorsichtig, hat man viele verschiedene »Stauden«, »Salate« und »Kohlköpfe« für den übrigen Platz auf den Beeten.

5 Sind Sie und Ihre Kinder mit Ihrem Arrangement zufrieden, können die Pflänzchen in die Erde eingesetzt werden. Gehen Sie, wie beim Arrangieren, auch hier den Weg vom »Großen« zum »Kleinen«. Zuerst werden die Bäume und Sträucher eingepflanzt. Für diese größeren Erdbewegungen muss man, wie im großen Garten, eventuell die Blumen und das Gemüse noch einmal beiseiteräumen. Setzen Sie alle Pflanzen so tief in die Erde, wie sie vorher im Topf gestanden haben. Um die Pflanzen herum wird die Erde vorsichtig angedrückt, damit die Wurzeln einen guten Bodenschluss bekommen.

6 Ein typisches Element aus einem Bauerngarten, das Rosenrondell oder eine mittig platzierte Strauchrose, darf natürlich nicht fehlen. Man findet es dort, wo sich die Wege kreuzen. Die Rolle der Rose übernimmt in unserem Gärtchen ein Korallenmoos. Mit seinen zahlreichen kleinen, orangefarbenen Beeren, die sich lange halten, ist es ideal. Obwohl es vom Minipflanzentisch kam, war es noch zu groß, sodass es behutsam geteilt werden musste. Danach fügte es sich prima in die Gartenlandschaft ein.

7 Nachdem nun die Pflanzarbeiten erledigt sind, werden mit ein paar kleinen Accessoires die i-Tüpfelchen gesetzt. Die Playmobil-Gartenbank wird vor dem Farnstrauch aufgestellt und die Gartenwege werden mit Splitt abgestreut. Außerdem haben wir aus Draht einen kleinen Torbogen geformt, um den sich der bewurzelte Ableger einer Kletterfeige rankt. Abgerundet wird das Arrangement mit zwei kleinen Weihnachtsbaumkugeln, die in unserem Gärtchen den Platz der Rosenkugeln einnehmen.

8 Mit einer feinen Brause wird jetzt gut angegossen. Manchmal sackt die Erde dabei an einigen Stellen etwas ein. Das ist gut, weil die Wurzeln der Pflanzen dann rundherum mit Erde umschlossen werden. Allerdings müssen Sie die Löcher dann noch einmal gezielt mit etwas Erde auffüllen.

Wenn Sie die Pflanzschale mit Folie abgedichtet haben, müssen Sie beim Gießen Ihrer Miniaturlandschaft sehr achtsam sein. Die Pflanzen sollten keinesfalls im Wasser stehen, da die Wurzeln dann schnell von Pilzkrankheiten befallen werden. Gießen Sie nur dann, wenn die Erdoberfläche wirklich trocken ist. So ist gewährleistet, dass auch genügend Luft an die Wurzeln kommt.

Mit Lampionblumen basteln

Lampionblumen *(Physalis)* gehören, wie die Kartoffeln und die Tomaten, zur Familie der Nachtschattengewächse. Es gibt mehrere Arten, die Sie im Garten anpflanzen können. Einige sind essbar, einige ungenießbar, andere gelten sogar als giftig.

Zu den essbaren *Physalis*arten gehören die Andenbeeren, auch Kapstachelbeeren genannt. Ihre knallgelben Früchte sind sehr schmackhaft und bei Kindern beliebt. Die Fruchthüllen sind hellgelb gefärbt, die Pflanze ist nicht winterhart. Sie kann allerdings im Kübel gehalten und dann im Haus überwintert werden.

Eine weitere Pflanze, die lampionartige Fruchtstände bildet, ist die Giftbeere, *Nicandra physaloides*. Sie ist, wie der Name schon sagt, in allen Pflanzenteilen giftig. Die *Nicandra* hat hellblaue Blüten und bildet, wie die *Physalis*, Samen in einem ballonartigen Fruchtkelch.

Zum Basteln eignet sich am besten die *Physalis alkekengi* ssp. *franchetii*. So kompliziert der Name klingen mag, so einfach lässt sie sich im Garten kultivieren. Die etwa 60 cm große Pflanze ist winterhart. Sie ist anspruchslos, neigt aber zum Wuchern. Sie können sie mit einer Wurzelsperre in Schach halten. Die Blüten der Lampionblume sind unscheinbar. Sie ähneln denen der Kartoffel. Die leuchtend orangen Fruchtstände im Herbst sind nicht zu übersehen. Die Beeren dieser Physalisart sind ungenießbar. Blätter und Früchte enthalten Bitterstoffe, die reizend wirken. Man ist sich uneinig darüber, ob sie als giftig eingestuft werden soll oder nicht.

So wird's gemacht:

1 Ernten Sie die Fruchthüllen der Lampionblumen. Kinder können die Lampions abschneiden und in einem Körbchen sammeln. Lampionblumen bekommen Sie im Herbst im Gartencenter. Vielleicht finden Sie eine Pflanze, die schon genügend Fruchtstände gebildet hat. Nach der Ernte können Sie die Pflanze im Garten auspflanzen oder in einen großen Kübel setzen.

2 Im nächsten Schritt entfernen Sie die Beeren aus der Fruchthülle. Schneiden Sie mit einer Nagelschere ein kleines Loch oben in die Hülle und ziehen Sie die Frucht heraus. Das geht einfach, solange die Lampions noch frisch sind. Trockene Fruchthüllen zerbröseln schnell, wenn Sie versuchen ein Loch hineinzuschneiden.

3 Die Lampions werden einfach auf die Lämpchen der Lichterkette geschoben. Sie halten am besten, wenn das Loch oben möglichst klein ist.

4 Sie können die orange leuchtenden Lampions auch mit grünen Fruchthüllen kombinieren. Ernten Sie schon im September, sind noch nicht alle Lampions umgefärbt, so dass Sie grüne und orangefarbene an einer Pflanze finden. Die Lichterkette wird vorsichtig in einer kleinen Topfkonifere befestigt.

5 Fertig ist die perfekte Herbstdekoration. Sobald es dunkel wird, können Sie das stimmungsvolle Lichterbäumchen bewundern. Lampion-Lichterketten wirken übrigens auch gut in einem großen Glasgefäß oder auf einem großen Teller.
TIPP: Kindern macht es auch großen Spaß eine Höhle zu bauen, z. B. unter einem Hochbett, und diese mit einer Lampion-Lichterkette zu beleuchten.

AUF EINEN BLICK

Guter Zeitpunkt: September bis Oktober

Zeitbedarf: ca. 60 Minuten

Schwierigkeitsgrad: leicht

Material und Werkzeug: kleine Konifere im Topf, Fruchtstände der Physalis (Lampions), Lichterkette mit 10 bis 20 LEDs, Gartenschere, Nagelschere

1

2

3

4

5

Ananas und Avocados vermehren

Aus dem Blattschopf der Ananas können Sie eine neue Pflanze heranziehen. Schneiden Sie den Schopf mit einem Stück Fruchtfleisch ab. Den Rest der Frucht können Sie gleich verzehren.

Haben Sie sich beim Verzehr von exotischen Früchten schon einmal gefragt, wie eigentlich die Pflanzen aussehen, von denen die Früchte geerntet werden? Auf Reisen haben Sie vielleicht schon Zitrusbäume oder Bananenstauden gesehen. Aber wissen Sie auch, dass Sie einige Pflanzen zuhause anziehen können? Die Pflanzen werden nicht so groß und prächtig, wie in heimischen Gefilden, aber man bekommt wenigstens eine Ahnung vom Aussehen der Exoten. Im Haus, an einem hellen und warmen Platz, werden Sie die selbst gezogenen Pflanzen wenigstens eine Zeit lang halten und beobachten können. Wir haben einen Versuch mit Ananas und Avocados gemacht. Die Früchte haben wir ganz einfach im Supermarkt gekauft. Die Anzucht der exotischen Pflanzen ist ein spannendes Experiment für Kinder, das allerdings ein wenig Geduld erfordert. Es dauert nämlich mehrere Wochen, vielleicht auch Monate, bis aus dem Ananassteckling und aus dem Avocadosamen eine Pflanze herangewachsen ist.

AUF EINEN BLICK

Guter Zeitpunkt: ganzjährig möglich

Zeitbedarf: ca. 60 Minuten

Material und Werkzeug: eine Ananas, eine Avocado, Zahnstocher, 2 Wassergläser, Holzbrett, scharfes Messer

So wird's gemacht:

1 Wählen Sie die Ananasfrüchte im Supermarkt sehr sorgfältig aus. Für die Anzucht einer Pflanze benötigen Sie den Blattschopf, der oben auf der Frucht sitzt. Dieser sollte möglichst frisch und grün aussehen. Die Frucht ist dann meistens noch nicht ganz reif, aber durchaus schon genießbar. Schneiden Sie den Blattschopf mit einem scharfen Messer ab, so wie auf dem Bild links zu sehen ist, oder drehen Sie ihn aus der Frucht heraus. Das erfordert ein wenig Kraft in den Händen.

2 Von dem abgeschnittenen Schopf werden die Reste des Fruchtfleisches mit dem Messer entfernt. An dem herausgedrehten Blattschopf ist kein Fruchtfleisch mehr dran. Nun werden die untersten Blätter des Blattschopfes, etwa 10 Stück, von oben nach unten abgezogen. An dieser freigelegten Stelle sitzen die Anlagen für die sich neu bildenden Wurzeln. Die Schnittstelle lassen Sie am besten 2 Tage trocknen, damit sie nicht fault.

3 Der Blattschopf kann entweder in Wasser oder in Anzuchterde zur Bewurzelung gebracht werden. Bei der Wasserglas-Methode können Sie die Wurzelbildung besser beobachten als bei Stecklingen, die gleich in die Erde gesetzt werden. Setzen Sie den Blattschopf auf ein Glas und füllen Sie so viel Wasser ein, dass das untere Ende die Wasseroberfläche gerade einmal so berührt. Die Gläser werden an einen warmen, halbschattigen Platz gestellt. Achten Sie in den nächsten Wochen darauf, dass immer genügend Wasser im Glas ist.

4 Für die Anzucht eines Avocadobäumchens wird der Kern, ein großer Samen, verwendet. Schneiden Sie eine möglichst reife Avocado zunächst längs rundherum auf. Schneiden Sie dabei nicht zu tief, damit der Kern nicht verletzt wird. Drehen Sie die Avocadohälften gegeneinander, so dass sich die Frucht öffnen lässt.

5 Holen Sie den Kern aus der Frucht heraus. Er fühlt sich leicht glitschig an. Waschen Sie ihn unter lauwarmem Wasser ab. Die braune Samenhülle können Sie entfernen, es muss aber nicht sein. Beide Varianten haben gekeimt. Der Avocadokern kann, wie der Ananasblattschopf, in Wasser oder in Anzuchterde zum Keimen gebracht werden. Wenn Sie ihn direkt pflanzen wollen, setzen sie ihn mit der Spitze nach oben in einen Topf mit Erde. Der Kern soll dabei zur Hälfte aus der Erde herausschauen.

6 Wir haben uns für die Wasserglasmethode entschieden, um die Keimung besser beobachten zu können. Damit der Kern nicht untergeht, werden 3 Zahnstocher in das obere, spitz zulaufende Drittel des Samens gesteckt. Stecken Sie die Hölzchen aber nicht zu tief ein, damit das Innere des Kerns nicht zu stark beschädigt wird.

7 Der Avocadokern mit den Zahnstochern wird auf ein Glas gelegt. In das Glas wird so viel Wasser eingefüllt, dass der Kern etwa 1 cm im Wasser hängt. Stellen Sie das Glas an einen sonnigen Platz auf der Fensterbank. Dann heißt es, abwarten und darauf achten, dass immer genügend Wasser im Glas vorhanden ist.

8 Nach einigen Wochen hat sich bei dem Avocadokern auf dem Wasserglas viel getan: Zuerst hat sich eine Pfahlwurzel gebildet. Dann ist der Kern aufgeplatzt und ein Trieb hat sich langsam herausgeschoben. Sobald sich die ersten Blätter zeigen, kann die Pflanze in einen Topf eingesetzt werden. Dabei sollte der Kern etwa zu einem Drittel aus der Erde herausschauen.

9 Auch bei dem Ananasblattschopf hat sich etwas getan: Die ersten Wurzeln haben sich gebildet. Noch sind sie erst etwa 1 cm lang. Lassen Sie den Blattschopf noch einige Zeit auf dem Wasserglas, bis die Wurzeln ca. 3 bis 5 cm lang sind. Dann können Sie auch die Ananas in einen Topf mit Erde einpflanzen.

Ein Marienkäfer-Haus bauen

In das Marienkäfer-Haus können die Käfer von unten hinein krabbeln. Manchmal nutzen auch Ohrwürmer die Behausung. Sie sind ebenfalls willkommene Blattlausräuber.

Jeder findet sie sympathisch, die roten Marienkäfer mit ihren 7 schwarzen Punkten auf dem Rücken. Sie gelten als Glücksbringer und sind unermüdliche Helfer bei der Blattausbekämpfung. Wollen Sie Marienkäfer im Garten ansiedeln, ist eine gewisse Toleranz gegenüber Blattläusen notwendig. Marienkäfer ernähren sich fast ausschließlich von diesem Schädling. Dort, wo keine Blattläuse zu finden sind, wird sich auch kein Marienkäfer einstellen. Ein erwachsener Marienkäfer verspeist täglich bis zu 150 Beutetiere. Er kann schon einmal auf Spinnmilben oder Schildläuse ausweichen und nimmt gern auch Pollen und Nektar dazu. Die Larven dagegen verschmähen vegetarische Kost und bleiben am liebsten bei ihrer Lieblingsspeise: Blattläuse. Im Herbst machen sich Marienkäfer auf die Suche nach einem Winterversteck. Kinder haben Spaß daran, für die niedlichen Käfer einen Unterschlupf zu bauen. Haben die Käfer Ihr Häuschen als Winterquartier gefunden, können Sie die Marienkäferschar im Frühjahr gezielt bei der ersten Blattlausinvasion aussetzen.

AUF EINEN BLICK

Guter Zeitpunkt: ganzjährig möglich

Zeitbedarf: 60 bis 90 Minuten, plus Trocknungszeit für die Farbe

Schwierigkeitsgrad: mittel

Material und Werkzeug: 1 cm dickes Sperrholz, 1 Holzpfahl: 5 cm breit, 80 cm lang, Stahlnägel, 4 kurze Holzschrauben, 2 kleine Haken, rote und weiße Holzfarbe, 1 Handvoll Stroh oder Holzwolle, 2 Pinsel, Hammer, Akkubohrer und -schrauber, Schraubzwinge

So wird's gemacht:

1 Für unser Marienkäfer-Haus haben wir uns das Sperrholz direkt im Baumarkt zusägen lassen. Dieser Service wird nicht überall angeboten, so dass Sie eventuell selber zur Säge greifen müssen. Für ein Häuschen benötigen Sie Bretter aus 1 cm dickem Sperrholz mit den folgenden Maßen: Dach: 14 × 14 cm, 2 Seitenwände: 14 × 10 cm, vorn auf 12 cm abschrägen, Rückwand: 14 × 8 cm, Vorderwand: 12 × 8 cm, Boden: 8 × 8 cm

2 Bevor das Marienkäfer-Haus aufgebaut wird, muss der Boden vorbereitet werden. Spannen Sie das 8 × 8 cm große Holzstück in einen Schraubstock ein oder befestigen Sie es mit einer Schraubzwinge an einem Tisch. Mit der Bohrmaschine werden nun locker verteilt 5 Löcher mit einem Durchmesser von 1 cm in den Boden gebohrt. Die Löcher dienen den Käfern später als Eingang.

3 Jetzt können Sie mit dem Zusammenbauen beginnen. Verwenden Sie dazu Stahlnägel und einen Hammer. Zuerst nageln Sie die Rückwand, das 14 × 8 cm große Brett, an den Boden. Das 3. Brett, das auf dem Bild zu sehen ist, dient nur als Stütze, damit die Rückwand besser aufliegt. Danach werden die abgeschrägten Seitenwände am Boden und an der Rückwand befestigt. Alle Bretter müssen oben genau abschließen, damit später das Dach darauf passt.

4 Die Vorderwand bauen Sie so ein, dass Sie später aufgeklappt werden kann. So können Sie im nächsten Frühjahr, wenn die Käfer wieder ausgeflogen sind, das alte Stroh herausnehmen und frisches wieder einfüllen.
Für die Befestigung der Vorderwand werden in die oberen Ecken der Seitenwände mit einem dünnen Holzbohrer zwei Löcher gebohrt. Das kleine, schräg gestellte Brettchen dient wieder als Stütze, damit die Seitenwand durch den Druck der Bohrmaschine nicht abbricht.

5 Die Vorderwand wird mit 2 Holzschrauben befestigt. Ziehen Sie die beiden Schrauben nicht ganz fest, damit das Brett noch bewegt werden kann.
TIPP: Falls die Vorderwand später zu leicht aufgeht, setzen Sie einfach 2 kleine Haken in den Rand der Seitenteile, so wie es auf dem kleinen Bild zu sehen ist. Mit den schräg gestellten Haken ist die Klappe fest verschlossen. Zum Öffnen drehen Sie die Haken senkrecht nach oben.

6 Bevor Sie das Dach anbringen, streichen Sie das Käferhäuschen an. Die Wände des Käferhäuschens bekommen einen marienkäferroten Anstrich, das Dach wird weiß angemalt. Sollte der erste Anstrich nach dem Trocknen der Farbe noch nicht ausreichend decken, streichen Sie ein zweites Mal.

7 Sobald die Farbe trocken ist, geht es weiter. Das Dach wird aufgenagelt. Da man von oben nicht genau sehen kann, wo die Seitenwände genau verlaufen, messen Sie die perfekten Stellen für die Nägel zuvor aus und markieren sie auf dem Dach.
Der Pfahl zum Aufstellen des Häuschens wird an die Rückwand geschraubt. Bohren Sie dafür 2 Löcher im Pfahl vor.

8 Zum Schluss klappen Sie die Vorderwand auf und füllen das Innere des Marienkäfer-Häuschens mit Stroh, Heu oder Holzwolle. Mit Hilfe des Pfahls, der einfach in den Boden gesteckt oder geschlagen wird, stellt man das Haus direkt im Garten auf. Möglicherweise wird die Behausung aber nicht nur von Marienkäfern genutzt. Auch Ohrwürmer fühlen sich in dem Stroh wohl und sind als Blattlausfresser ebenfalls willkommene Gäste.

Basteln mit Blättern

In einer speziellen Pflanzenpresse können viele Blätter auf einmal gepresst werden. Gepresste Blätter halten länger und können für verschiedene Basteleien genutzt werden.

Kürzer werdende Tage und erste Frostnächte signalisieren den Bäumen, dass sie sich auf den Winter vorbereiten müssen. Wertvolle Blattinhaltsstoffe wie das Blattgrün werden in Stamm und Wurzel transportiert und dort bis zum nächsten Austrieb eingelagert. Dadurch werden andere Blattfarbstoffe, die für die Gelb- und Orangefärbung der Blätter verantwortlich sind, sichtbar. Tiefe Nachttemperaturen, aber tagsüber blauer Himmel und Temperaturen im zweistelligen Bereich, sorgen für eine besonders intensive Blattfärbung. Unter diesen Bedingungen bilden viele Bäume auch die roten Blattfarben. Für uns eine Einladung, im Wald spazieren zu gehen und Blätter zu sammeln. Das Laub kann man für viele farbenfrohe Basteleien verwenden, mit denen man, bis in die Adventszeit hinein, Tische oder Wände schmücken kann. Hier sehen Sie, wie Sie die Blätter pressen und vorbereiten, um dann eine Laterne zu basteln.

AUF EINEN BLICK

Guter Zeitpunkt: Mitte bis Ende Oktober

Zeitbedarf: Blätter pressen: ca. 30 Minuten (ohne Wartezeit); Bilderrahmen: ca. 30 Minuten; Herbarium: mehrere Stunden; Laterne: 30 bis 60 Minuten

Schwierigkeitsgrad: Blätter pressen: einfach; Laterne: mittel

Material und Werkzeug: Laterne: Bastelsatz Laterne aus Unterteil, Oberteil, Transparentpapier, Kerzenhalter, Teelicht, Kleber

So wird's gemacht – Blätter pressen:

1 Die Blätter, mit denen man basteln möchte, müssen erst haltbar gemacht werden. Dazu werden sie getrocknet und gepresst. Regennasse Blätter werden zunächst auf Zeitungspapier ausgelegt und können erst am nächsten Tag gepresst werden. Trockene Blätter kann man gleich in einer Pflanzenpresse aufbereiten. Verwenden Sie möglichst schön gefärbte und gut erhaltene Blätter.

2 Eine Pflanzenpresse besteht aus zwei Sperrholzplatten, vier Spannschrauben, mehreren Wellpappeeinlegern und saugfähigem Papier. Sie können Pressen fertig kaufen (Bezugsquelle: siehe Seite 124) oder auch selbst basteln. Bauen Sie die Pflanzenpresse auseinander und schichten Sie dann die Papiere und die Blätter ein. Zuerst legen Sie eine Wellpappe auf das untere Sperrholz und bedecken sie mit saugfähigem Papier. Darauf ordnen Sie einige Blätter so an, dass sie sich nicht berühren. Decken Sie die Blätter wieder mit saugfähigem Papier ab und beginnen Sie von vorn.

3 Etwa fünf bis sechs Blätterschichten können, abwechselnd mit den Papieren, in eine Pflanzenpresse eingelegt werden. Dann wird die Pflanzenpresse mit der oberen Sperrholzplatte geschlossen. Mit den Flügelschrauben wird die Platte fest angezogen. Beim Pressen werden austretende Pflanzensäfte von dem Papier aufgesogen. Pressen Sie Blüten mit relativ weichen und feuchten Stängeln, müssen Sie das Papier nach einem Tag auswechseln, damit die Pflanzenteile nicht zu schimmeln beginnen. Nach etwa zwei Wochen sind die Blätter gut durchgetrocknet und schön glatt gepresst.

TIPP: Man kann Blätter und andere Pflanzenteile auch in dicken Büchern pressen. Dazu werden die Pflanzenteile zwischen Zeitungspapier in das Buch gelegt. Das Buch beschweren Sie mit weiteren Büchern oder Ziegelsteinen.

1

So wird's gemacht – Herbstlaub-Laterne:

1 Im Herbst, wenn es früh dunkel wird, finden viele Laternenumzüge statt. Mit einer selbst gebastelten Blätterlaterne ist Ihr Kind dafür bestens ausgerüstet. Spätestens am Martinstag, dem 11. November, sollte die Laterne fertig sein. Sie brauchen dafür einen Laternenbastelsatz, den man im Herbst in jedem Bastelgeschäft bekommt, einen Kerzenhalter, ein Teelicht, einen Laternenstab und natürlich getrocknete und gepresste Blätter.

2

2 Der Laternenbastelsatz besteht aus einem Laternenboden, einem Deckel, einem Drahtbügel und einem passenden Bogen Transparentpapier. Auf dem Transparentbogen werden verschiedene Herbstblätter aufgeklebt. Wer viele Blätter gesammelt hat, kann diese auch etwas überlappend aufkleben. Die Schicht sollte aber nicht allzu dick werden, damit das Kerzenlicht später noch durchscheinen kann. Lassen Sie oben und unten einen Rand von mindestens 2 cm frei.

3

3 Im nächsten Schritt wird der Transparentpapierbogen zu einem »Zylinder« zusammengeklebt. Kleben Sie das Papier so weit übereinander, dass der Zylinderdurchmesser genauso groß ist wie der Laternenboden und der Deckel. Dafür braucht Ihr Kind ein wenig Geduld und wahrscheinlich auch Ihre Hilfe.

4 In der Mitte des Laternenbodens wird jetzt ein Kerzenhalter eingesetzt. Sie haben die Wahl zwischen einem Halter für Weihnachtsbaumkerzen, der mit Laschen im Boden eingeklemmt wird, oder einem Teelichthalter, der einfach aufgeklebt wird. TIPP: Erscheint Ihnen eine echte Kerze für Ihr Kind noch zu gefährlich, können Sie den Kerzenhalter weglassen und stattdessen einen Laternenstab mit einem batteriebetriebenem Lämpchen benutzen. Eine wahre Erleichterung, auch bei Regenwetter und Wind.

5 Laternenboden, Transparentpapier und Laternendeckel werden jetzt zusammengefügt. Wenn Sie beim Zusammenkleben des Papierzylinders genau gearbeitet haben, geht das ganz leicht. Streichen Sie den Rand des Laternenbodens innen mit Klebstoff ein und fügen Sie den unteren Rand des beklebten Papierzylinders in den Boden ein. Der Seitenrand des Deckels wird ebenfalls eingestrichen und dann oben aufgesetzt. Zum Schluss muss noch der Drahtbügel angebracht werden, an dem Sie den Laternenstab befestigen können.

6 Unsere schöne Laterne ist natürlich wiederverwendbar. Nach dem Laternenumzug können Sie sie als herbstliches Windlicht nutzen. Auf dem Esstisch oder draußen auf dem Terrassentisch kann sie bis in den Advent ihr stimmungsvolles Licht verbreiten.

Ein Igelhaus bauen

In einer geschützten Ecke im Garten, versteckt unter Herbstlaub, hat das Igelhaus einen optimalen Standort. Der kleine Eingang macht das Haus katzen- und hundesicher.

Jeder Biogärtner, ob groß oder klein, freut sich, wenn ein Igel Einzug im Garten gehalten hat. Igel können eine Menge Käfer, Larven und Schnecken vertilgen, rühren dabei aber keine Pflanzen an. Wollen Sie mit Ihren Kindern Igel beobachten, müssen Sie sich abends, wenn es dunkel wird, auf die Lauer legen. Igel sind nacht- und dämmerungsaktiv. Ist ein Igel in der Nähe, ist er nicht zu überhören. Sein Rascheln, Schmatzen und Schnaufen ist deutlich wahrnehmbar.

Igelbabys kommen schon mit etwa 100 Stacheln zur Welt. Allerdings sind diese anfangs noch sehr weich. Ein erwachsener Igel hat bis zu 8000 Stacheln, die ihn wie ein Schutzkleid umgeben. Bei Berührung oder unmittelbarer Gefahr rollt sich der Igel blitzschnell zu einer Kugel zusammen. Natürliche Feinde haben so keine Chance mehr zuzubeißen.

Soll der stachelige Geselle im Garten bleiben, muss man ihm Unterschlupf bieten. Im Naturgarten findet er diesen im Laub unter Hecken, Sträuchern oder Geräteschuppen. Zusätzlich können Sie ihm das Leben erleichtern und als Futterplatz und Überwinterungsmöglichkeit ein Igelhaus bauen. Hier kann er sicher Winterschlaf halten.

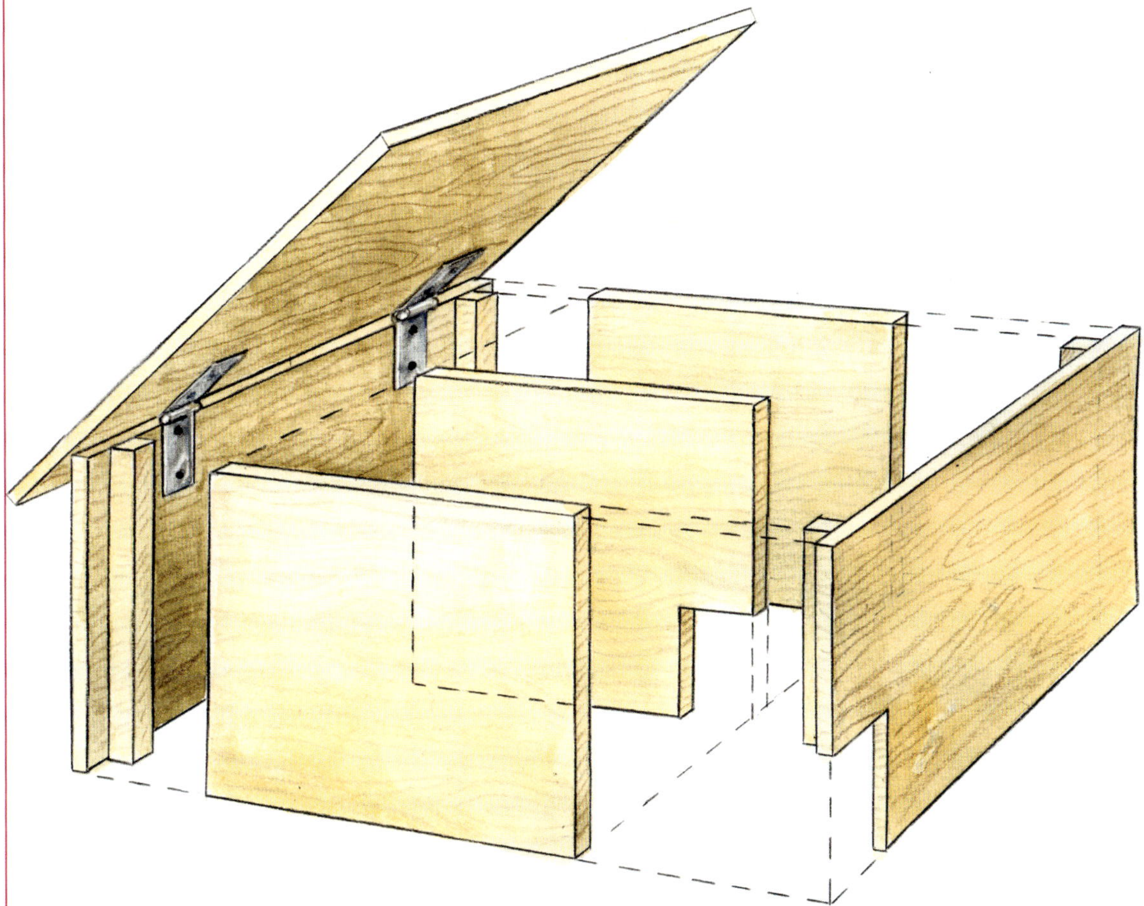

Detaillierte Materialliste:

- Sperrholz 8 mm dick:
- 1 Vorderseite: 60 × 30 cm, Türöffnung links 10 × 10 cm
- 1 Rückwand: 60 × 30 cm
- 2 Seitenwände: 40 × 30 cm
- 1 Zwischenwand: 40 × 30 cm, Türöffnung rechts 10 × 10 cm
- 1 Dachklappe: 70 × 50 cm
- Kanthölzer, 3 × 3 cm: 4 × 30 cm lang, 2 × 20 cm lang
- 2 Scharniere (gerollte, breite Tischbänder) 140 × 34 × 1,5 mm
- Holzschrauben, Holzleim

AUF EINEN BLICK

Guter Zeitpunkt: September

Zeitbedarf: 2 bis 3 Stunden

Schwierigkeitsgrad: mittel

Material und Werkzeug: Sperrholz, Kanthölzer, Holzschrauben, Leim, Scharniere, Akkuschrauber oder Schraubendreher, Schraubzwingen, Stichsäge, Zollstock und Winkel

So wird's gemacht:

1 Unser Igelhaus besteht aus einem Futterplatz und einem Schlafzimmer. Die kleinen, verwinkelten Eingänge machen den Unterschlupf katzensicher. Das Holz bekommen Sie im Baumarkt. Dort können Sie sich die Sperrholzplatten gleich auf das richtige Maß zuschneiden lassen. Die Türöffnungen in der Vorderseite und der Zwischenwand müssen Sie selbst hineinschneiden. Zeichnen Sie die Öffnungen mithilfe von Zollstock und Metallwinkel an. Mit einer Stichsäge sind die Eingänge schnell gesägt. Fixieren Sie die Kanthölzer mit Leim und Schrauben an den Seitenwänden und der Zwischenwand. Die kürzeren Stücke kommen dabei an der linken Vorderseite und der rechten Zwischenwandseite zum Einsatz – an den Kanten, an denen die Eingänge ausgesägt wurden.

2 Zu zweit geht es am besten: Die Seitenwände und die Zwischenwand werden mit der Rückwand verbunden. Mit einem Akkuschrauber können Sie die Schrauben direkt durch die Rückwand in die Kanthölzer schrauben. Benutzen Sie einen Schraubendreher, ist es einfacher, wenn Sie kleine Löcher vorbohren. Stehen Sie Ihren Kindern dabei mit Rat und Tat zur Seite, lassen Sie sie aber, entsprechend ihrem Alter, möglichst viel selbst machen. Das fördert das Verantwortungs- ebenso wie das Selbstbewusstsein.

3 Sind Rück-, Seiten- und Zwischenwand miteinander verbunden, wird die Vorderseite ebenfalls mit Holzschrauben an den Kanthölzern befestigt. Achten Sie auf die richtige Position der Türöffnung. Dann werden die Scharniere für die Dachklappe angeschraubt. Befestigen Sie diese zuerst an der Rückwand, dann an der Dachklappe. Dabei ist sicherlich die Hilfe eines Erwachsenen notwendig.

Winter

Stille zieht ein. Die Bäume haben ihre Blätter abgeworfen, die Gartenpflanzen haben das Wachstum eingestellt. Für ein wenig Leben im Garten sorgt ein selbst gebautes Vogelfutterhäuschen. Kleine Bastelfreaks können sich an fantasievollen Eisbildern oder an duftenden Orangenkerzen versuchen. »Grünzeug« kommt im Winter von der Fensterbank: Lustige Kresseköpfe versorgen Sie mit Vitaminen.

Bratäpfel zubereiten

»Kinder, kommt und ratet, was im Ofen bratet! Hört, wie's knallt und zischt. Bald wird er aufgetischt, der Zipfel, der Zapfel, der Kipfel, der Kapfel, der gelbrote Apfel.« Das bekannte Gedicht vom Bratapfel schwirrt mir bei der Zubereitung seit meiner Kindheit im Kopf herum. Herrlich, nach einem kalten Winterspaziergang einen köstlich duftenden Bratapfel zu genießen. Haben Sie auch diese Erinnerungen? Geben Sie sie an Ihre Kinder weiter, damit solche Traditionen nicht verloren gehen.

Die Zubereitung von Bratäpfeln ist kinderleicht. Größere Kinder können das selbstständig, sofern sie bereits den Umgang mit einem heißen Backofen unter Ihrer Aufsicht gelernt haben.

Bratäpfel schmecken besonders gut, wenn man säuerliche Apfelsorten verwendet, wie z. B. Braeburn oder Roter Boskop. Für die Zubereitung gibt es eine große Vielfalt an Rezepten. Wir zeigen hier eine einfache Zubereitung mit Walnüssen, Rosinen, Honig und Zitronensaft. Besonders weihnachtlich schmecken und duften die Äpfel, wenn man die Füllung mit Zimt und gemahlenen Nelken würzt. Dazu passt ganz hervorragend eine Vanillesoße oder Vanilleeis.

So wird's gemacht:

1 Für die Zubereitung von sechs Bratäpfeln brauchen Sie: 6 große, säuerliche Äpfel; 80 g gehackte Walnüsse; 50 g halbierte Rosinen; 3 Esslöffel flüssigen Honig; 1 Esslöffel Zitronensaft; ½ TL Zimt, 1 Messerspitze gemahlene Nelken, Fett für die Form. Der Backofen wird auf 200 °C vorgeheizt, bei Umluft genügen 180 °C.

2 Die Äpfel werden mit warmem Wasser gewaschen und trocken gerieben. Dann wird mithilfe eines Apfelausstechers das Kerngehäuse entfernt. Stechen Sie den Apfel dabei nicht ganz durch, der Boden soll geschlossen bleiben, damit die Füllung nicht ausläuft. Schneiden Sie oben von den Äpfeln einen etwa 2 cm dicken Deckel ab. Das kleine Apfelstecherloch wird jetzt mit einem Messer verbreitert, damit mehr Füllung in den Apfel passt.

3 In einer Rührschüssel werden die Zutaten für die Füllung der Äpfel – Walnüsse, Rosinen, Honig, Zitronensaft und, wer mag, Zimt und Nelken – gut miteinander verrührt. Dabei darf auch schon mal genascht werden. Die Masse soll die Konsistenz eines zäh-klebrigen Breis haben.

4 Mit einem Löffel geben Sie die Füllung jetzt in die ausgehöhlten Äpfel. Das erfordert ein bisschen Geduld, weil die Masse durch den Honig sehr klebt.
TIPP: Wer gerne Marzipan mag, kann unten in jeden Apfel eine halbe Marzipankartoffel bröseln.

5 Stellen Sie die Äpfel als Nächstes in eine gefettete, feuerfeste Form. Legen Sie die Deckel jeweils zurück auf die Äpfel und schieben Sie die Form auf der mittleren Schiene in den vorgeheizten Backofen. Nach 30 Minuten ist Ihre Küche mit einem herrlichen Duft gefüllt und Sie können die Bratäpfel aus dem Ofen holen.

6 Während des Backens ist Zeit genug, eine Vanillesoße zu kochen. Das geht besonders einfach, wenn Sie ein Päckchen Vanillepudding mit etwas mehr Zucker und der doppelten Menge Milch zubereiten. Servieren Sie die Bratäpfel auf einem Teller, gießen Sie etwas Vanillesoße darüber und verzieren Sie die köstliche Mahlzeit mit einer halben Walnuss.

AUF EINEN BLICK

Guter Zeitpunkt: schmeckt im Winter

Zeitbedarf: 20 bis 30 Minuten, 30 Minuten backen

Schwierigkeitsgrad: einfach

Material und Werkzeug: 6 große Äpfel, Walnüsse, Rosinen, Honig, Zitronensaft, Zimt, Nelken Apfelausstecher, feuerfeste Backform, Messer, Rührschüssel, Löffel

1

2

3

4

5

6

Duft-Orangen basteln

Ein Muster aus Gewürznelken macht jede Orange zu einem kleinen Kunstwerk.

Teelichthalter aus Orangen geben ein warmes Licht und verströmen dazu einen zarten Duft.

Winterzeit ist Bastelzeit. Wenn es draußen dunkel, kalt und nass ist, macht man es sich drinnen gern gemütlich. Schön ist es dann, am warmen Ofen zu sitzen, sich die Zeit mit kleinen Basteleien zu vertreiben und dabei noch von vorweihnachtlichen Düften eingehüllt zu werden. Die duftenden Orangen sind da genau das Richtige! Die ätherischen Öle der Orangen wirken anregend und erfrischend. Ritzt man beim Basteln in die Orangenschalen, werden die wohltuenden Aromen freigesetzt. Auch Gewürznelken duften und verbreiten tagelang einen dezenten Duft im Raum. In der Vorweihnachtszeit werden die Duft-Orangen auch gerne mit Tannengrün und Bienenwachskerzen kombiniert. Hier wird gezeigt, wie Sie Orangen wirkungsvoll mit Gewürznelken spicken können. In einem zweiten Bastelprojekt werden Kerzenhalter aus Orangenschalen hergestellt und mit einem Bienenwachs-Teelicht bestückt.

AUF EINEN BLICK

Guter Zeitpunkt: in der Adventszeit

Zeitbedarf: jeweils ca. 30 Minuten

Schwierigkeitsgrad: leicht

Material und Werkzeug:

Für die Nelken-Orangen:
Orangen, Gewürznelken, Plätzchenausstecher, Stricknadel oder Schaschlikspieß

Für die Kerzenhalter:
Orangen, Teelichter, Messer, Eislöffel, Trinkglas, Mini-Plätzchenausstecher

So wird's gemacht – Nelken-Orangen:

1 Für die Nelken-Orangen sind die Zutaten schnell beschafft: Frische Orangen und eine Handvoll Gewürznelken, mehr brauchen Sie nicht. Sie können die Nelken rundherum verteilt in die Orange stecken oder ein Muster kreieren. Muster zeichnen Sie am besten vor: entweder mit einem Plätzchenausstecher, den Sie oberflächlich in die Orange drücken, oder mit einem Filzstift. Mit dem Stift setzen Sie am besten nur Punkte, die dann mit den Nelken verdeckt werden. Eine dicke durchgezogene Linie würde man später noch sehen.

2 Orangenschalen sind hart. Meistens gelingt es nicht, die Gewürznelken einfach in die Schale zu stecken. Die Nelkenhälse brechen ab. Ein praktisches Hilfsmittel ist dabei eine Stricknadel. Mit der Stricknadel bohren Sie kleine Löcher entlang der Hilfslinie für die Nelken vor. Haben Sie keine Stricknadel zur Hand, können Sie auch einen Schaschlikspieß verwenden.

3 In die vorgebohrten Löcher werden nun die Gewürznelken, mit der Spitze voran, eingesetzt. Basteln Sie mit kleinen Kindern, werden Sie die Vorarbeiten, wie Muster aufzeichnen und vorbohren, leisten müssen. Das Einsetzen der Nelken gelingt aber auch schon den Kleinsten.

So wird's gemacht – Orangen-Kerzen:

1 Die Teelichthalter aus Orangenschale duften durch die Wärme der Kerzenflammen wunderbar und sorgen für eine weihnachtlich stimmungsvolle Atmosphäre. Zuerst schneiden Sie von der Orange einen Deckel ab. Dann lösen Sie mit einem Messer das Fruchtfleisch am Innenrand ab.

2 Mit einem scharfkantigen Löffel, z.B. mit einem Eislöffel, höhlen Sie die Orange jetzt aus. Am besten machen Sie das über einer Schüssel, denn dann können Sie das Fruchtfleisch und den austretenden Saft noch verwenden.

3 Bleibt noch viel Fruchtfleisch an der Innenwand hängen, ziehen Sie mit den Fingern noch eine Schicht der weißen Innenhaut ab. Das ist etwas mühselig, aber es lohnt sich. Bleibt nämlich zu viel Fruchtfleisch stehen, kann es leicht passieren, dass es schimmelt.

4 In den Rand der Orangenschale wird im nächsten Schritt ein Muster gestochen. Stülpen Sie die ausgehöhlte Orange dafür über ein umgedrehtes Trinkglas. Mit einem Apfelausstecher können sie nun kreisrunde Stücke aus der Orangenschale stechen.

5 Das Ausstechen des Randmusters geht auch gut mit verschiedenen Mini-Plätzchenausstechern. Hier finden Sie wahrscheinlich auch weihnachtliche Motive wie Sterne oder Herzchen. Eventuell müssen Sie die ausgestochenen Formen noch mit einem scharfen Messer etwas nachschneiden.

6 In die Mitte der ausgehöhlten Orangenschale setzen Sie ein Teelicht. Teelichter aus Bienenwachs riechen gut und passen zum Orangenduft. Die Kerze scheint durch die Öffnungen am Rand der Orangenschale und verbreitet in der winterlichen Dämmerung ein warmes Licht. Heben Sie auch die kleinen ausgestochenen Ornamente auf. Sie können sie ebenfalls zum Dekorieren verwenden.

Dinkel-Duftkissen nähen

Wärme und ein schöner Duft sind die besten Zutaten für eine Kuschelstunde an kalten Wintertagen. Vereinigen kann man sie in einem Kissen, das Sie mit Dinkelkörnern und getrockneten Lavendelblüten füllen. Wenn Sie mit einer Nähmaschine umgehen können, ist so ein duftendes Wärmekissen schnell gemacht. Bei den einzelnen Schritten können Kinder behilflich sein. Dinkel-Duftkissen kann man auf der Heizung, im Backofen oder in der Mikrowelle erhitzen. Die Körner speichern die Wärme und geben sie langsam wieder ab. Sie können das Kissen in jeder Größe nähen. Unser Kissen hat eine Größe von 23 × 15 cm. Damit die Füllung gut verteilt bleibt und nicht verrutscht, ist das Kissen in zwei gleich große Kammern unterteilt.

So wird's gemacht:

1 Für die Kissenhülle brauchen Sie einen schönen Stoff aus hitzebeständigen Naturfasern. Baumwolle oder Leinen sind gut geeignet. Eine große Auswahl an Stoffen gibt es in Spezialgeschäften für Patchwork-Zubehör. Haben Sie ein solches Geschäft nicht vor Ort, können Sie den Stoff auch in verschiedensten Onlineshops bestellen (Bezugsquellen: siehe Seite 124). Schneiden Sie den Stoff in einer Größe von 25 × 32 cm zu.

2 Damit der Stoff nicht ausfranst, werden zuerst die Kanten versäubert. Das heißt, man näht mit einem Zickzackstich um das gesamte Stoffstück. Dann schlagen Sie die lange Seite des Stoffes um, sodass die Stoffhälften rechts auf rechts liegen. Bügeln Sie den Stoff um. Nähen Sie die Kissenhülle an den Seiten und der oberen Kante zu. In der Mitte der oberen Kante bleibt dabei eine Öffnung von etwa 6 cm.

3 Durch diese Öffnung wird der Stoff jetzt wieder auf rechts gezogen. Bügeln Sie die Kissenhülle glatt. Halbieren Sie die Hülle an der Längsseite und bügeln Sie einen Knick in die Mitte. Auf diesem Knick entlang nähen Sie eine gerade Naht mit der Nähmaschine. So wird das Kissen in zwei Kammern unterteilt. Jede Kammer hat an der oberen Seite eine Öffnung von 3 cm.

4 Mischen Sie für jede Kammer in einer kleinen Schüssel 125 g Dinkelkörner mit 2 Teelöffeln getrockneten Lavendelblüten. Lavendelblüten können Sie selbst trocknen oder z. B. in einem Teeladen kaufen. Mithilfe eines Trichters werden Körner und Blüten in das Kissen gefüllt.

5 Ganz geschickte Schneiderinnen nähen die Kissenöffnung mit einem nahezu unsichtbaren »Matratzenstich« mit der Hand zu. Schneller geht es, wenn Sie die Öffnung mit der Nähmaschine ganz knapp an der Stoffkante verschließen.
TIPP: Körnerkissen können nicht gewaschen werden. Nähen Sie eine waschbare Hülle für das Kissen. Dazu schneiden Sie ein Stoffstück von 27 × 34 cm zu, halbieren es, wie das Kissen, rechts auf rechts, und nähen die lange Seite und eine schmale Seite zu. Ziehen Sie die Hülle auf rechts und versäubern Sie an der offenen Seite die Kante, indem Sie sie nach innen einschlagen und feststeppen.

6 Körnerkissen werden in der Mikrowelle oder im Backofen aufgewärmt. Mikrowelle: 2 Minuten bei 600 Watt, nach einer Minute umdrehen; Backofen: 30 Minuten bei 100 °C, nach 15 Minuten umdrehen. Der Duft der Lavendelblüten unterstützt die entspannende Wirkung. Setzen Sie das Kissen wie eine Wärmflasche ein. Es hilft gegen kalte Füße, bei Bauchweh oder Verspannungen.

AUF EINEN BLICK

Guter Zeitpunkt: ganzjährig möglich

Zeitbedarf: 30 bis 45 Minuten

Schwierigkeitsgrad: mittel

Material und Werkzeug: Stoff aus Naturfasern, farblich passendes Nähgarn, Dinkelkörner, Lavendelblüten, Schere, Maßband, Nähmaschine, Nähnadel, Bügeleisen

1

2

3

4

5

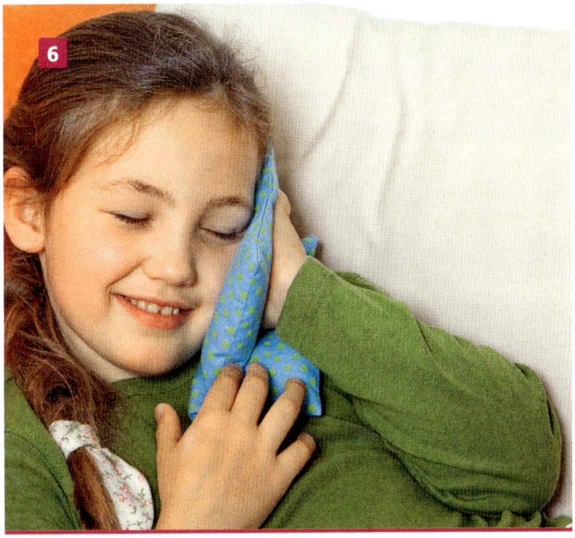
6

Eislichter und Eisbilder basteln

Auf der winterlichen Terrasse mit Tannengrün dekoriert sind die Eis-Teelichter ein echter Hingucker. Bei Temperaturen unter 0 °C halten sie eine ganze Weile.

Ein Licht aus Feuer und Eis, so etwas Spannendes kann man nur im Winter basteln. Wenn es draußen knackig kalt ist, halten die Eisgebilde am längsten. Eine Kerze oder ein Teelicht im Inneren der eisigen Gefäße verbreitet stimmungsvolles Licht. Man kann sie auf der Terrasse so aufstellen, dass man sich von drinnen an ihrem Anblick erfreuen kann. Auch zur Begrüßung an der Haustür setzen sie sich gut in Szene. Die Eisbilder können Sie draußen aufhängen. Ein Band wird gleich mit eingearbeitet.

Die Deko für die Eiskunstwerke besteht aus reinen Naturmaterialien. Von einem kleinen Rundgang durch den Garten haben wir Brombeerranken, Beeren vom Schneeball, Hagebutten und einen Mistelzweig mitgebracht. Gut geeignet sind auch kurze Triebe von grünen Nadelbäumen, von Stechpalmen, Eicheln, die Hüllen von Bucheckern – eben alles, was der Herbst hervorgebracht hat.

AUF EINEN BLICK

Guter Zeitpunkt: wenn es draußen friert

Zeitbedarf: jeweils ca. 30 Minuten ohne Tiefkühlzeit

Schwierigkeitsgrad: einfach, Teelichthalter: mittel

Material und Werkzeug:

Für die Teelichthalter: Luftballons, Wasser.

Für die Eislaterne: zwei verschieden große Eimer, der kleinere mit Henkel, Steine, Holzstab, Wasser

Für die Eisbilder: flache Schüsseln oder tiefe Teller, destilliertes Wasser

Für alle: Früchte und Zweige aus der Natur

So wird's gemacht – eisige Teelichthalter:

1 Die runde Form der Teelichthalter wird mit Hilfe von Luftballons hergestellt, die mit Wasser gefüllt werden. Es ist gar nicht so einfach, Wasser in normale Ballons zu bekommen. Die dünnwandigen Wasserbomben eignen sich nicht, da sie zu klein sind. Blasen Sie die Luftballons erst einmal dick auf und lassen Sie die Luft wieder heraus. Ziehen Sie die Luftballonöffnung über einen Wasserhahn und drehen diesen vorsichtig!! auf. Füllen Sie die Ballons auf, bis sie etwa die Größe einer Grapefrucht haben. Legen Sie die zugeknoteten Luftballons in den Gefrierschrank.

2 Die Luftballons frieren von außen nach innen langsam durch. Sie werden aus dem Eisschrank genommen, wenn eine etwa 1 bis 1,5 cm dicke Eiswand in dem Ballon entstanden ist, die innen noch mit Wasser gefüllt ist. Das dauert etwa 8 Stunden. Die Gefrierdauer ist abhängig von der Ausgangstemperatur des eingefüllten Wassers, der Temperatur im Gefrierschrank und der eingefüllten Wassermenge. Am besten frieren Sie mehr Ballons ein, als sie später brauchen. Sie können dann zwischenzeitlich testen, wie dick die Wände schon sind. Von den fertigen, halbdurchgefrorenen Eisbällen wird die Luftballonhaut abgezogen.

3 Stechen Sie mit einem spitzen Gegenstand ein Loch in die Eiskugel. Jetzt können Sie das restliche Wasser herauskippen. Brechen Sie rund um das Loch so viel Eis ab, dass eine Öffnung entsteht, durch die man ein Teelicht innen in die Eiskugel stellen kann. Herrschen draußen Minustemperaturen, können Sie die fertigen Eis-Teelichthalter gleich draußen dekorieren. Ist es zu warm, können Sie die Eisgebilde auch im Gefrierschrank eine Zeit lang aufheben.

So wird's gemacht – Eislaterne:

1 Für die Herstellung der Eislaterne benötigen Sie lediglich zwei verschieden große Eimer, wobei der kleinere einen Henkel haben sollte, kleine Steine, einen Holzstab, Zweige und Beeren aus dem Garten und eine Gartenschere. Stellen Sie zudem in einer Gießkanne etwas kaltes Wasser bereit.

2 Schieben Sie den Stab durch den Henkel des kleineren Gefäßes und hängen Sie dieses so in die Mitte des größeren Eimers. Damit ein Eisboden entstehen kann, darf der kleine Eimer nicht auf dem Boden des größeren Gefäßes stehen. Beschweren Sie den kleinen Eimer mit den Steinen, damit er später im Wasser nicht auftreibt. Der Raum zwischen den Gefäßen sollte rundherum mindestens 2 cm breit sein.

3 Jetzt werden die Dekostücke aus dem Garten eingearbeitet. Schneiden Sie die Zweige auf eine passende Länge und füllen Sie den Raum zwischen den Eimern damit aus. Einige Zweige und Beeren dürfen ruhig auch etwas über den Rand schauen. Der Zwischenraum muss nicht komplett »ausgestopft« werden. Locker angeordnetes Material, das später ganz von Eis umhüllt ist, kommt viel besser zur Wirkung.

4 Nach dem Anordnen der Zweige fehlt nur noch das Wasser, das im gefrorenen Zustand die durchscheinende Laternenwand bildet. Gießen Sie es langsam und vorsichtig in den Zwischenraum, bis es etwa 2 cm unter dem Rand des Innengefäßes steht. Wasser dehnt sich beim Gefrieren aus. Der kleine Eimer darf nicht bis über den Rand eingefroren werden, da man ihn dann nicht mehr aus dem Innenraum lösen kann.

5 Nach zwei Tagen in der Tiefkühltruhe ist es dann soweit: Lassen Sie zuerst etwas Wasser außen über den großen Eimer laufen. Dann können Sie das kleine Gefäß am Henkel herausziehen. Gießen Sie nun Wasser in den kleinen Eimer, um diesen ebenfalls herauszulösen.

6 Fertig ist eine wunderschöne Laterne. Bestückt mit einem großen roten Teelicht, passend zu den Beeren, gibt sie ein stimmungsvolles volles Licht. Je kälter es draußen ist, desto länger hält das attraktive Schmuckstück.

So wird's gemacht – Eisbilder:

1 Von den 3 Eisprojekten sind die Eisbilder am einfachsten herzustellen. Sie brauchen für diese Kunstwerke verschiedenfarbige Pflanzenteile, ein Stück Schnur, eine Schere, flache Schüsseln bzw. tiefe Teller und Wasser. Am besten nehmen Sie abgekochtes oder destilliertes Wasser, denn das bleibt beim Gefrieren fast klar.

2 Geben Sie zunächst nur so viel Wasser in das Gefäß, dass der Boden gerade so bedeckt ist. Jetzt können Sie mit den Pflanzenteilen ein schönes Bild »malen«, eine Beschäftigung die die meisten Kinder gern mögen. Samen, Blätter und Früchte werden zu einem schönen Gemälde angeordnet. Der Fantasie sind da keine Grenzen gesetzt.

3 Ist das Bild fertig, gießen Sie vorsichtig so viel Wasser nach, dass es etwa 2 cm hoch in dem Gefäß steht. Die Pflanzenteile müssen nicht alle unter Wasser sein. Ein paar dürfen auch herausschauen. Damit das Bild aufgehängt werden kann, lassen Sie gleich eine Schnur mit einfrieren. Knoten Sie die Schnur zu einer Schlaufe zusammen und achten Sie darauf, dass der Knoten vollständig unter Wasser ist. Stellen Sie das Pflanzengemälde über Nacht in den Gefrierschrank. Sobald draußen Minustemperaturen herrschen, können Sie die Eisbilder aufhängen.

Bei winterlichen Temperaturen unter dem Gefrierpunkt an einem Zweig befestigt, glitzern die Eisbilder im Sonnenlicht. Hoffentlich bleibt es noch lange kalt.

Blüten färben

Kinder sind von Natur aus neugierig und wissensdurstig. Für sie ist vieles in der Welt neu und nicht so selbstverständlich wie für einen Erwachsenen. Kinder möchten verstehen, was sie sehen und löchern ihre Mitmenschen ständig mit Fragen. Freuen Sie sich darüber, denn die Kinder zeigen damit, dass sie aufmerksam durch die Welt gehen.

Viele der Wie- und Warum-Fragen der Kinder sind jedoch nicht immer so leicht zu beantworten. Das kann einerseits daran liegen, dass man die Antwort selber nicht weiß. Dann macht es Spaß, gemeinsam mit den Kindern zu forschen und nach Antworten zu suchen. Andererseits sind Zusammenhänge oftmals kompliziert und nur schwer mit einfachen Worten darzustellen. Dann besteht die Kunst darin, die Erklärungen auf ein kindgerechtes Niveau herunterzubrechen.

Kinder lernen mit allen Sinnen und möchten ihre Umwelt im wahrsten Sinne des Wortes begreifen können. Erklärungen mit Worten werden besser verstanden, wenn es zusätzlich etwas zu sehen, zu riechen oder anzufassen gibt.

Viele naturwissenschaftliche Zusammenhänge lassen sich mit kleinen Experimenten verständlich und einfach darstellen. So geht es in dem Blütenfärbe-Experiment um die Frage, wie Blumen Wasser aufnehmen können. Mit gefärbtem Wasser werden die Leitungsbahnen der Pflanzen sichtbar gemacht. Führen Sie das Experiment am besten mit weißen Blüten durch.

So wird's gemacht:

1 Für das Experiment brauchen Sie Trinkgläser oder Glasvasen, Wasser, bunte Tinte und weiße Blüten. Mit Nelken- und Rosenblüten hat der Versuch am besten funktioniert. Füllen Sie die Gläser etwa halb voll mit lauwarmem Wasser.

2 In jedes Glas wird die Tinte aus 3 bis 4 Tintenpatronen geleert. Schützen Sie den Arbeitstisch dabei mit einer Unterlage, z. B. mit Zeitungs- oder Packpapier. Es kann leicht passieren, dass Tinte verspritzt wird und die Flecken lassen sich nur schwer entfernen. Die Tintenpatronen werden zuerst an einer Seite aufgeschnitten. Sie können die Tinte dann herausdrücken. Sie läuft aber besser heraus, wenn Sie die Patrone über dem Glas auch an der zweiten Seite aufschneiden.

3 Kürzen Sie frische weiße Blüten auf etwa 10 cm ein und schneiden Sie die Stängel mit einem scharfen Messer schräg an. Stellen Sie die Blüten in das gefärbte Wasser.

4 Jetzt heißt es abwarten. Es dauert mehrere Stunden, bis Sie etwas zu sehen bekommen. Sie können auch versuchen, eine zweifarbige Blüte herzustellen. Schneiden Sie den Stängel einer Blüte – am besten den festen und dicken einer Rose – mit einer Rasierklinge oder einem Cuttermesser 3 bis 4 cm längs ein. Stellen Sie die Stängelhälften in verschiedenfarbige Wassergläser.

5 Nach etwa einem Tag ist die Färbung deutlich zu sehen. Die Pflanzen haben das Wasser und die darin gelösten Farbpigmente aufgenommen. In kleinen Kanälen wird es bis in die Blüten transportiert. Die Blütenblätter haben winzige Spaltöffnungen, durch die das Wasser wieder verdunstet. Die Farbpigmente können nicht verdunsten und bleiben an den Spaltöffnungen zurück. Sie können deutlich erkennen, dass sich die meisten Spaltöffnungen an den Blütenblatträndern befinden.

AUF EINEN BLICK

Guter Zeitpunkt: ganzjährig möglich

Zeitbedarf: etwa 30 Minuten

Schwierigkeitsgrad: mittel

Material und Werkzeug: Trinkgläser oder kleine Glasvasen, farbige Tintenpatronen, weiße Blüten, Messer, Schere, weiße Rosen- oder Nelkenblüten

1

2

3

4

5

Vogelfutter-Anhänger basteln

Mit diesen dekorativen Vogelfutteranhängern schlagen Sie gleich zwei Fliegen mit einer Klappe: Sie helfen den bei uns überwinternden Vögeln bei der schwierigen Nahrungsbeschaffung im Winter und können gleichzeitig ein Bäumchen auf der Terrasse oder im Garten schön winterlich schmücken. Für Kinder ist es eine besondere Freude, den Vögeln etwas Gutes zu tun. Sie haben so die Gelegenheit, auch mitten in der Stadt lebendige Natur zu erleben. Hängen Sie das Futter so auf, dass es von einem Fenster aus gut sichtbar ist. Dann können Sie die Vögel aus dem warmen Zimmer heraus beim Fressen beobachten. Mit der Vogelfütterung beginnt man nicht streng nach Kalender, sondern erst bei Dauerfrost oder geschlossener Schneedecke. Bis dahin finden die Vögel in der Regel genügend Futter in den Parks und Gärten. Die Vögel gewöhnen sich allerdings an die Futterstellen, sodass man die Quelle auch bei offener Wetterlage bis etwa März nicht ganz versiegen lassen sollte.

Bei der Vogelfutterherstellung verwenden Sie am besten Mischfutter. Dann können sich die »Körnerfresser« (z. B. Dompfaff, Spatz und Kernbeißer) und die »Weichfresser« (z. B. Rotkehlchen, Meise, Amsel, Zaunkönig) ihre jeweilige Lieblingsspeise herauspicken. Weitere Informationen zum Thema Winterfütterung bekommen Sie beim Naturschutzbund Deutschland, kurz NABU (Adresse: siehe Seite 124).

So wird's gemacht:

1 Stellen Sie alle Zutaten zusammen. Sie brauchen: 2 Teile Sonnenblumenkerne, 1 Teil kernige Haferflocken, 1 Teil Rosinen, Palm- oder Kokosfett, verschiedene Keksausstecher, Bindfaden oder Geschenkband, zum Verzieren z. B. grüne Tannenspitzen und Hagebutten.

2 Das Fett wird in einem Kochtopf auf der heißen Herdplatte langsam erwärmt, bis es geschmolzen ist. Lassen Sie es etwas abkühlen und geben Sie es, solange es noch flüssig ist, in eine hohe Schüssel.

3 Stellen Sie die Zutaten abgemessen in Gefäßen bereit. Dann können auch kleine Kinder das Futter selbst anrühren. Die Haferflocken, Sonnenblumenkerne und Rosinen werden zu dem Fett gegeben und gut verrührt. Die Masse muss abkühlen. Stellen Sie die Schüssel dazu nach draußen. Sie können weiterarbeiten, wenn das Fett hart wird, aber noch formbar ist. Wenn Sie den Zeitpunkt verpasst haben, können Sie die Mischung einfach wieder erwärmen.

4 In der Zwischenzeit werden die Plätzchenausstecher vorbereitet. Binden Sie oben um den Ausstecher einen Bindfaden, mit dem Sie die Figur später aufhängen können. In der Adventszeit kann man dazu auch weihnachtliches Geschenkband verwenden. Legen Sie die Ausstecher auf ein Holzbrett – hier kann Ihr Kind sie mithilfe eines Teelöffels füllen.
TIPP: Reste von angerührtem Futter, die Sie nicht in Plätzchenausstechern unterbringen, streichen Sie einfach an einen Baumstamm. Die Vögel werden das Futter wegpicken.

5 Die gefüllten Ausstecher müssen jetzt an einem kühlen Platz vollkommen aushärten. Das geschieht am besten über Nacht. Lösen Sie die Förmchen dann mit einem Messer von dem Brett. Zum Abschluss werden die Ausstecher mit etwas Tannengrün und ein paar Hagebutten dekoriert. Die »Verzierung« kann einfach mit in den Aufhänger geknotet werden.

AUF EINEN BLICK

Guter Zeitpunkt: ab einsetzendem Dauerfrost

Zeitbedarf: ca. 30 Minuten ohne Abkühlzeit

Schwierigkeitsgrad: einfach

Material u. Werkzeug: Vogelfutter, Palm- oder Kokosfett, Plätzchenausstecher, Bindfaden, Kochtopf, Schüsseln, Kochlöffel, Teelöffel, Holzbrett

1

2

3

4

5

Kresseköpfe ansäen

Kresse wächst sehr schnell und völlig unkompliziert. Schon früh im Jahr bis in den Herbst hinein kann Kresse im Garten ausgesät werden. Über Winter lässt sie sich einfach auf der Fensterbank ziehen. Sie wächst sogar auf Watte oder Küchenpapier. Kresse enthält viel Vitamin C. Sie schmeckt leicht scharf, wie Senf oder Rettich. Der pikante, würzige Geschmack geht auf Senfölglykoside zurück.

Gegessen werden von der Kresse meistens nur die als Erstes erscheinenden, dreizählig gefingerten Keimblätter. Daher können Sie oft schon 7 bis 10 Tage nach der Aussaat die ersten Blättchen ernten. Im Garten können Sie die Kresse auch etwas größer werden lassen. Die jungen Blätter schmecken, bis die Pflanzen etwa Hand hoch sind.

Durch das schnelle Wachstum ist Kresse die ideale Pflanze für Kinder. Im Garten können Sie mit Kresse Muster ins Beet »malen«, z. B. Gesichter, Herzchen, Häuser, ganz wie es Ihnen und den Kindern gefällt. Dazu wird in einem feinkrümeligen Beet das Muster mit den Fingern auf den Boden gemalt. Dann streuen Sie entlang der Linie dicht den Kressesamen auf. Decken Sie die Samen mit Erde ab und drücken Sie diese leicht an. Die Saat gießen Sie dann mit einer Gießkanne mit feiner Brause an. Auch in den folgenden Tagen muss die Kresse stets feucht gehalten werden. Wenige Tage später sprießen die ersten Pflänzchen und das Muster wird im Beet sichtbar.

Im Winter können Sie mit Ihren Kindern lustige Kresseköpfe basteln. Sie brauchen dazu lediglich etwas Anzuchterde, einen Feinstrumpf, ein Paar Wackelaugen und Kressesamen.

So wird's gemacht:

1 Bevor Sie den Kressekopf vorbereiten rühren Sie die Kressesamen zum Quellen in ein Glas Wasser ein.
Füllen Sie so viel Anzuchterde in den Feinstrumpf, dass ein schöner, runder Kopf daraus geformt werden kann. Die Kinder können das prima zu zweit machen: Ein Kind hält den Strumpf auf, das zweite füllt die Erde hinein.

2 Den Strumpf knoten Sie fest zu und schneiden das lange überstehende Strumpfbein ab. Tauchen Sie den gefüllten Strumpf kurz in Wasser, damit die Erde gut feucht ist.

3 Lassen Sie die Erdkugel etwas abtropfen und setzen Sie sie auf ein Trinkglas. Mitten im Gesicht wird dann mit einem Bindfaden eine Knollennase abgebunden. Rechts und links oben neben der Nase kleben Sie die Wackelaugen auf.

4 Die Kressesamen gießen Sie nun über ein Teesieb ab. Sie fühlen sich jetzt etwas schleimig-klebrig an. Die Samen haften so gut auf dem Feinstrumpf, dass die Kinder die Kresse mit einem Teelöffel auf den Kopf streichen können.

5 Hoch die Daumen, die Frisuren sind fertig. Die Kressesamen dürfen nun nicht austrocknen. Besprühen Sie die Köpfe täglich mindestens zweimal mit einem Pflanzensprüher.

6 Der Erfolg wird nicht lange auf sich warten lassen. Nach 4 Tagen beginnen die »Haare« zu sprießen, nach einer Woche können sie geschnitten werden. Die »Kressehaare« schmecken sehr lecker auf einem mit Butter oder Frischkäse bestrichenen Brot oder auch über einen Salat gestreut.

AUF EINEN BLICK

Guter Zeitpunkt: ganzjährig möglich.

Zeitbedarf: etwa 20 bis 30 Minuten

Schwierigkeitsgrad: einfach

Material und Werkzeug: Feinstrümpfe, Anzuchterde, Bindfaden, Wackelaugen, Kressesamen, Pflanzensprüher

1

2

3

4

5

6

Ein Vogelfutterhaus bauen

Unser Vogelfutterhäuschen ist als Silo konstruiert. Sobald die Körner unten weggefressen sind, rutscht neues Futter nach.

Eine Vogelfutterstelle im Garten bereitet nicht nur Kindern ein großes Vergnügen. Groß und Klein macht es riesigen Spaß, die Tiere zu beobachten und dabei immer mehr Vogelnamen zu lernen. Die Winterfütterung ist nicht ganz unumstritten. Trotzdem haben sich auch die großen Naturschutzverbände für eine Fütterung ausgesprochen, wenn dabei ein paar wichtige Regeln beachtet werden. Unschlagbar ist das Argument, dass solche Erlebnisse wichtig sind, um bei Kindern das Interesse an ökologischen Zusammenhängen zu wecken.

Mit der Winterfütterung beginnt man bei starkem Frost oder geschlossener Schneedecke. Bis zum Frühjahr sollte die Futterquelle dann aber nicht versiegen, da sich die Vögel daran gewöhnen. Bei offener Wetterlage kann die Futtermenge reduziert werden. Futterhäuschen müssen sehr sauber gehalten werden, damit keine Krankheiten übertragen werden. Und es ist wichtig, das richtige Futter zu verwenden. Informationen bekommen Sie beim NABU (Adresse: siehe Seite 124).

AUF EINEN BLICK

Guter Zeitpunkt: Oktober und November

Zeitbedarf: 2 bis 3 Stunden

Schwierigkeitsgrad: anspruchsvoll

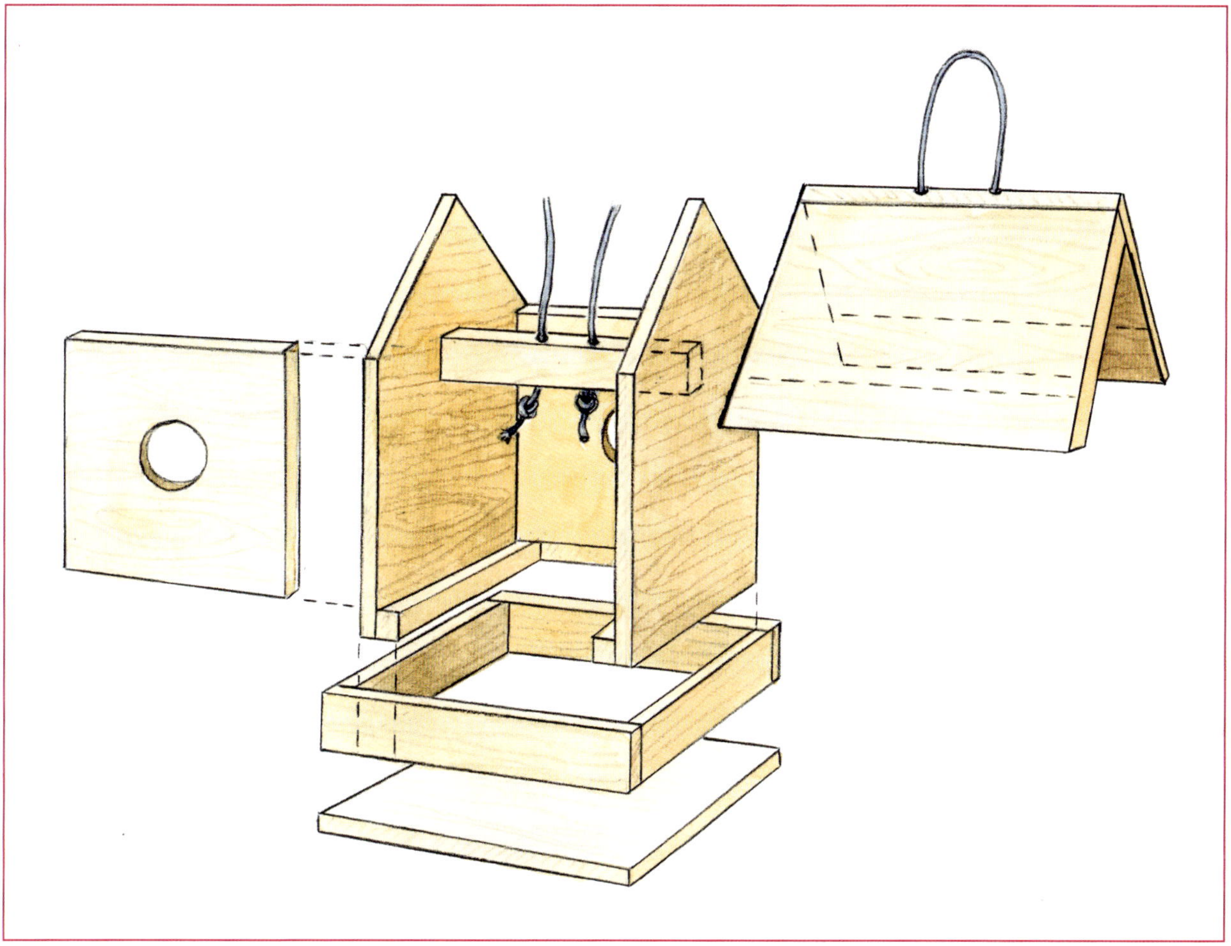

Materialliste:

- Sperrholz 12 mm dick:
  1 Bodenplatte 15 × 13 cm
  1 Dachseite 15 × 13 cm
  1 Dachseite 15 × 12 cm
  2 Wände, 12,5 × 10,5 cm,
  mit Fenster (Lochdurchmesser 6 cm)
  2 Giebelwände 19 × 10,5 cm
- Holzleisten:
  1,4 × 1,4 cm: 2 × 10,5 cm lang
  1,4 × 2,8 cm: 2 × 15 cm lang, 2 × 16 cm lang
  2,0 × 3,0 cm: 1 × 10,5 cm lang
- 2 transparente Plastikdeckel (vom Joghurtbecher), Stahlnägel, Holzleim, dicke Kordel (70 cm lang), Grundierung, wetterfeste Farbe
- Werkzeug: Hammer, Nagelhilfe, Stichsäge, Bohrmaschine mit Kreisbohrer 6 cm und 6-mm-Holzbohrer, Zollstock, Pinsel

So wird's gemacht:

1 Das Sperrholz können Sie sich im Baumarkt zuschneiden lassen. Meistens wird man Ihnen aber nur die »geraden« Schnitte abnehmen. Selbst sägen müssen Sie die Sichtlöcher in den Seitenwänden und die Dachschrägungen an den Giebelwänden. Die Sichtlöcher werden mit einem Kreisbohrer (Durchmesser 6 cm) in das Holz gebohrt. Für die Dachschräge zeichnen Sie längs eine Mittellinie auf die Giebelwand und eine Querlinie, 5 cm unterhalb der Oberkante. Jetzt können Sie die Dachschräge einzeichnen und diese mit einer Stichsäge zuschneiden.

2 Der Zusammenbau des Vogelfutterhäuschens beginnt mit der Erstellung des Bodens. Nageln Sie die vier mitteldicken Leisten rund um die Bodenplatte, sodass eine Art Teller entsteht, von dem das Futter später nicht herunterrutschen kann. Die Leisten werden einfach voreinander genagelt. Sie anzubringen ist nicht schwer, lassen Sie Ihr Kind hier ruhig einmal sein handwerkliches Geschick erproben.

3 An der etwas längeren Seite des Futtertellers wird die erste Giebelwand angebracht. Mit kurzen Stahlnägeln wird sie von innen direkt auf die Leiste genagelt. In den Winkel zwischen Giebelwand und Boden kleben Sie eine der beiden schmalen Leisten. Auf der gegenüberliegenden Seite wird die zweite Giebelwand aufgenagelt. Das ist etwas knifflig, da man kaum Platz für den Hammer hat. Benutzen Sie, eine Nagelhilfe und versuchen Sie die Nägel damit leicht schräg einzutreiben. Kleben Sie auch an dieser Seite eine Leiste auf.

4 Die Seitenwände mit den Fenstern werden zwischen die Giebelwände geschoben. Sie stehen auf den schmalen Leisten, sodass eine Öffnung entsteht, durch die das Futter auf den Teller nach außen nachrutschen kann. Die Seitenwände werden mit Nägeln von außen mit den Giebelwänden verbunden.

5 Jetzt wird die letzte noch übrige Leiste eingebaut. Man benötigt sie für die Befestigung des Daches und für das Anbringen der dicken Kordel, mit der das Vogelfutterhäuschen aufgehängt wird. Klemmen Sie die Leiste oben zwischen die Giebelwände und fixieren Sie sie von außen mit Nägeln.

6 Die beiden Dachhälften sind unterschiedlich groß. Sie werden stumpf voreinander genagelt. Die längere Seite nagelt man auf die kürzere, sodass schließlich ein Dreieck mit gleichlangen Schenkeln entsteht.

7 Um das Dach zu befestigen und um eine Aufhängung für das Vogelfutterhäuschen anbringen zu können, legen Sie das Dach auf den Unterbau. Mit einer Bohrmaschine, bestückt mit einem 6 mm dicken Holzbohrer, bohren Sie jetzt zwei Löcher im Abstand von ca. 7 cm. Setzen Sie die Bohrmaschine auf dem First an und bohren Sie so tief, dass auch die darunter angebrachte Leiste durchbohrt wird.

8 Zum Anstreichen werden Dach und Unterbau jetzt noch einmal auseinandergenommen. Besonders haltbar ist der Anstrich, wenn Sie ihn in zwei Schichten auftragen. Zuerst erfolgt ein heller Voranstrich mit einer Holzgrundierung. Nach der Trocknung erfolgt die farbige Lackierung. Dach und Futterteller haben wir weiß lackiert, Seiten- und Giebelwände grün. Natürlich sind auch viele andere Farbkombinationen möglich.

9 Nachdem der Anstrich gut durchgetrocknet ist, fehlen nur noch wenige Feinarbeiten. Zuerst werden die runden Fenster mit den ausgeschnittenen, transparenten Joghurtdeckeln zugeklebt. Vollendet wird das Bauwerk mit der Kordelaufhängung. Fädeln Sie beide Enden der Kordel durch das Dach und die Leiste. Unten werden an beiden Enden dicke Knoten angebracht, sodass sie nicht durch die Löcher rutschen kann. Das ist kein einfaches Projekt, aber eines, das in vielen Wintern Freude bereiten wird.

Das Dach lässt sich hochschieben, sodass man das Haus leicht mit Futter auffüllen kann. In einem Mischfutter findet jede Vogelart ihre Lieblingsspeise.

Adressen, die Ihnen weiterhelfen

Anzuchtmaterialien, Pflanztaschen

Gartenbedarf-Versand
Richard Ward
Ottobeurer Str. 46A
87733 Markt Rettenbach
Tel.: 0 83 92 / 16 46
www.gartenbedarf-versand.de

Gärtner Pötschke
Beuthener Straße 4
41561 Kaarst
Tel.: 0 18 05 / 86 11 00
www.poetschke.de

Nisthilfen

W. Neudorff GmbH KG
An der Mühle 3
31860 Emmerthal
Beratungstel.: 01 80 / 5 63 83 67
www.neudorff.de

Schwegler
Vogel- und Naturschutzprodukte GmbH
Heinkelstr. 35
73614 Schorndorf
Tel.: 0 71 81 / 9 77 45 – 0
www.schwegler-natur.de

Gartenbedarf für Kinder

Manufaktum GmbH & Co.KG
Hiberniastraße 5
45731 Waltrop
Tel.: 0 23 09 / 93 90 50
www.manufactum.de

Duft- und Wandelgärtnerei Schoebel
Hindenburgplatz 3
29468 Bergen/Dumme
Tel.: 0 58 45 / 2 37
www.gaertnerei-schoebel.de

Keimzeit Saatgut-Fachversand
Tanja Beddies
Hainholzweg 3
21358 Mechtersen
Tel.: 0 41 78 / 8 18 99 50
www.keimzeit-saatgut.de

Kräuterei
Silvia Heinrich
Alexanderstraße 29
26121 Oldenburg
Tel.: 04 41 / 88 23 68
www.kraeuterei.de

Kräuterpflanzen und Saatgut
Rühlemann´s
Auf dem Berg 2
27367 Horstedt
Tel.: 0 42 88/ 92 85 58

Bastelmaterialien

Ikea
Filialen weltweit unter:
www.ikea.com

Jako-o GmbH
August-Grosch-Str. 28-38
96476 Bad Rodach
Tel.: 0 95 64 / 9 29 11 12
www.jako-o.de

Labbé Kinderbastelladen
www.labbe.de

Quiltmaus
Marita Meier
Uphofstr. 21
59075 Hamm
Tel.: 0 23 81 / 9 87 98 94
www.quiltmaus.de

Wehrfritz
Familienoutlet
Coburger Straße 53
96476 Bad Rodach
Tel.: 08 00 / 8 82 77 73
www.wehrfritz.de

Informationsstellen

Bund für Umwelt und Naturschutz
Deutschland e.V. (BUND)
Bundesgeschäftsstelle
Kaiserin-Augusta-Allee 5
10553 Berlin
Tel.: 0 30 / 2 75 86 – 40
www.bund.net

Naturschutzbund Deutschland e. V.
Bundesgeschäftsstelle (NABU)
Charitéstraße 3
10117 Berlin
Postanschrift:
10108 Berlin
Infotel.: 0 30 / 28 49 84 – 0
www.nabu.de

Stichwortverzeichnis

Seitenzahlen mit * verweisen auf Abbildungen

Abzugsloch 30
Akkuschrauber 19, 94
Ananas 80, 80*, 81*
Andenbeeren 78
Anzucht 11
Anzuchtschale 12, 12*
Apfel 36, 37*, 99*
Apfelausstecher 103
Apfelblüte 36
Apfelkerne 72, 73*
Armband 72, 73*
Ätherische Öle 100
Aussaat 11, 11*
Aussaaterde 11, 12
Avocado 80, 80*
Avocadokern 82, 82*, 83, 83*

Ballbrause 12, 12*, 58
Bambusrohre 34
Bambusstange 34, 35*
Basilikum 27, 27*
Bast 52
Bauerngarten 74
Beeren 106
Birne 36
Blähton 32, 75
Blätter 89
Blattläuse 54, 84
Blattschopf 80, 81*
Blumen 52
Blumenkränze 52, 53*
Blüten färben 112
Bohnen 34
Bohnenernte 26*
Bohnentipi 34, 35*
Bonbon 51
Bratäpfel 98, 99*
Bucheckern 72, 73*

Destilliertes Wasser 110
Dill 29
Dinkelduftkissen 104, 105*
Duft-Orangen 100, 100*, 101*
Duftgeranie 58, 59*
Duftsäckchen 56
Dünger, organisch 24
Dunkelkeimer 12

Echter Lavendel 56
Efeukranz 52
Eicheln 72, 73*
Eisbilder 110, 111*
Eislaterne 108, 108*, 109, 109*
Eiswand 107
Endiviensalat 28
Erbsen 15, 29
Erdbeeren 26, 29
Erdbeerpflanzen 29*
Etikett 27
Exotische Pflanzen 80
Experimente 112

F1-Hybriden 70
Farbe 87
Feinstrumpf 116
Feldsalat 28
Feuerbohnen 34
Flasche 36, 37*, 49*
Flechten 52
Florfliegen 63, 66, 67*
Folie 20
Froschlöffel 47
Frühling 9
Futterstelle 95, 95*

Gänseblümchen 52
Gefrierschrank 107, 110
Gelee 42
Gemeiner Ohrwurm 54
Geranie 58
Gewürznelken 100, 100*, 101, 101*
Gießkanne 17
Girlande 72, 73*
Goldfische 44, 47
Grabwespe 66, 67*
Guerilla-Gardening 40

Halskette 72, 73*
Hauswurz 76
Heilerde 40
Herbst 68, 69
Herbstdekoration 78
Herbstlaub 92, 92*
Hochbeet 18, 18*
Höhlenbrüterkasten 22, 23*
Holunder 42
Holunderblütensirup 42, 42*
Holzfarbe 19
Holzkisten 29
Honig 98, 99*

Igel 95, 95*
Igelhaus 92–95, 92*–95*
Insektenhotel 60–65 60*–65*

Jungpflanzen 10

Käfer 92
Kapstachelbeeren 78
Karamellbonbon 51
Karottentasche 28
Kastanien 72, 73*
Keimblätter 13, 13*
Keimung 12
Kellerregal 19
Kinderbeet 14
Kinderwerkzeug 15, 15*
Kissen 104, 105*
Kisten 29
Kletterhilfe 29
Kletterpflanzen 29
Kohlrabi 16
Kompost 21
Körnerkissen 104, 105*
Kranz 52
Kräuter 26, 48

Kräuterbeet 48
Kräutergetränk 50, 50*
Kräuterlimonade 50, 50*
Kräuteröl 49, 49*
Kräutertöpfe 27, 27*
Kresse 116
Kresseköpfe 116, 117*
Kressesaat 75, 75*
Küchenkräuter 27

Lampionblumen 78, 79*
Lärchenholzbretter 15
Larven 92
Lavendel 27, 27*, 48, 49, 56, 57*
Lavendelblüten 104, 105*
Lavendelöl 56
Lavendelstäbe 56, 57*
Lehm 61
Leimholz 62
Lichterkette 78, 78*
Lochziegel 61, 61*
Löwenzahn 52
Luftballon 107

Marienkäfer 63, 66, 67*, 84
Marienkäfer-Haus 84, 84*
Mauerbiene 66, 67*
Melisse 48, 50
Mineralwasser 50
Miniaturgarten 74–77, 74–77*
Minigewächshaus 58, 59*
Minipflanzen 74, 74*, 76, 76*, 77, 77*
Minze 27, 48, 50
Mischkultur 28
Mohn, Samen 70, 71*
Möhren 16, 26, 28
Mücken 56
Multitopfpflatten 13
Mutterpflanze 58

Naschgemüse 15
Naturbast 52, 53*
Naturperlenkette 72, 73*
Nelken 112
Nelken-Orangen 101, 101*
Nisthilfe 60
Nistkasten 22, 23*
Nützlinge 60, 63

Ohrwurm 54, 55*
Ohrwurmglocken 54, 55*
Ohrwurmquartier 54, 55*
Öl 49
Orange 100*, 101
Orangen-Kerzen 102, 102*
Oregano 48, 49

Papiertopfpresse 10, 10*
Petersilie 27
Pfefferminzbonbon 48, 51, 51*
Pfefferminze 50
Pflanzenpresse 89, 89*
Pflanzkorb 45, 45*, 46*, 47
Pflanzschock 13
Pflanzstab 16
Pflanztaschen 26
Physalis 78, 79*
Pikieren 10*, 13
Pikierstab 13, 13*

Ringelblume, Samen 70, 71*
Rosen 112
Rosinen 98, 99*
Rosmarin 27, 48, 49

Saatband 16
Saatschalen 10
Salat 16
Samen 70, 71*
Samenbomben 40, 40*
Samenernte 70
Sandkasten 24, 25*
Satinband 56
Schachtelhalm 47
Schmetterlinge 65, 66, 66*
Schnecken 92
Schnittlauch 24, 27, 27*
Schopflavendel 56
Seed-Balls 40, 40*
Seerose 44*, 45, 46, 46*
Sirup 42
Solitärbienen 60
Sonnenblume, Samen 70, 71*
Sperrholz 85, 89
Stangenbohnen 34
Stecklinge 58, 59*
Stichsäge 94
Stricknadeln 101
Stroh 86
Strumpf 116

Tee 50, 56
Teelicht 103
Teelichthalter 100*, 107
Teigschachtelhalm 46, 46*
Thymian 27, 48, 49
Tintenpatronen 112
Tipi 34
Tomaten 16
Tonpulver 40

Vanillesoße 98, 99*
Vlies 29
Vogelfutteranhänger 114, 115*
Vogelfutterhaus 118–123, 118*–123*
Vogelfutterstelle 114, 115*, 118
Vogelfütterung 114, 115*

Walderdbeeren 29
Walnüsse 98, 99*
Wärmekissen 104, 105*
Wärmflasche 104, 105*
Wasserglas 83
Wasserpflanze 44, 44*, 45
Weiße Melisse 50
Wildbienen 60
Winter 96, 97
Winterfütterung 114, 115*, 118
Wurzelbildung 58

Ziegel 62
Ziegelsteine 46
Zimmergewächshaus 11
Zinkwanne 44, 44*, 45, 45*
Zitronen 42
Zitronenmelisse 48, 50
Zitronensäure 42
Zopf 52
Zuckerlösung 42
Zuckermais 14
Zwergseerose 45
Zwiebeln 28

Über die Autorin

Dorothea Baumjohann absolvierte zunächst eine Ausbildung als Gärtnerin im Bereich Blumen- und Zierpflanzen. Nach mehreren Praxisjahren in verschiedenen Gärtnereien und im Botanischen Garten Osnabrück studierte sie Gartenbau an der Fachhochschule Osnabrück, mit dem Abschluss Diplom-Ingenieurin. 1998 gründete sie »Die grüne Kamera« eine Bildagentur für Gartenfotos mit den Schwerpunktthemen Pflanzenschutz und Gartenpraxis. Die Bilder werden in verschiedenen nationalen und internationalen Gartenzeitschriften veröffentlicht.

Im Frühjahr 2016 hat sie eine zweijährige Fortbildung zur Gartentherapeutin abgeschlossen.

Impressum

GRÄFE UND UNZER

Ein Unternehmen der
GANSKE VERLAGSGRUPPE

BLV

www.blv.de

Bildnachweis:
Alle Bilder von Dorothea Baumjohann,
außer Seite 67or, Ml und Mr: Klaus Kuttig
Grafiken: Sylvia Bespaluk

Umschlagkonzeption und Gestaltung: BLV Buchverlag
Umschlagfotos: Dorothea Baumjohann

Lektorat: Sandra Hachmann, Rita Meixner

Herstellung: Hermann Maxant
DTP: Anton Walter, Gundelfingen
Druck und Bindung: Firmengruppe APPL, aprinta druck, Wemding
Gedruckt auf chlorfrei gebleichtem Papier

ISBN 978-3-8354-1635-2

3. Auflage 2022

Hinweis
Das vorliegende Buch wurde sorgfältig erarbeitet. Dennoch erfolgen alle Angaben ohne Gewähr. Weder Autoren noch Verlag können für eventuelle Nachteile oder Schäden, die aus den im Buch vorgestellten Informationen resultieren, eine Haftung übernehmen.

DIE KÖNNTEN SIE AUCH INTERESSIEREN.

ISBN 978-3-8354-1444-0

ISBN 978-3-8354-1880-6

ISBN 978-3-8354-1819-6

ISBN 978-3-96747-060-4

ISBN 978-3-96747-066-6

ISBN 978-3-8354-1805-9

Mehr von BLV auf **www.blv.de**

BLV